在海一方

连云港地方历史文化校本读物

顾问：苏守杰
编著：马晓燕

江蘇鳳凰教育出版社
Phoenix Education Publishing, Ltd

图书在版编目（CIP）数据

在海一方：连云港地方历史文化校本读物／马晓燕编著．—南京：江苏凤凰教育出版社，2014.6

ISBN 978-7-5499-3886-5

Ⅰ．①在… Ⅱ．①马… Ⅲ．①文化史－连云港市－中学－乡土教材 Ⅳ．①G634.591

中国版本图书馆CIP数据核字(2014)第041427号

书　　名	在海一方——连云港地方历史文化校本读物
编　　著	马晓燕
责任编辑	午新生　雷利军　李佃云
出版发行	凤凰出版传媒股份有限公司 江苏凤凰教育出版社（南京市湖南路1号A楼　邮编210009）
苏教网址	http://www.1088.com.cn
照　　排	红十月图文设计有限公司
印　　刷	九洲财鑫印刷有限公司
厂　　址	河北省三河市灵山大口
开　　本	787毫米×1092毫米　1/16
印　　张	8.5
字　　数	108千字
版　　次	2014年6月第1版　2014年6月第1次印刷
书　　号	ISBN 978-7-5499-3886-5
定　　价	20.00元
网店地址	http://jsfhjycbs.tmall.com
邮购电话	025-85406265，85400774　短信 02585420909
E - mail	jsep@vip.163.com
盗版举报	025-83658579

序言

连云港是一座拥抱大海、背依群山的山海之城，因前临折列如画屏的连岛，背依“可供仙子游”的云台山而得名，这是一座富有诗意遐想、神奇浪漫的城市。

连云港市正处在黄海的脐部，大海簇拥着这座城市的北部和东部。国家4A级风景区——花果山，其中玉女峰以海拔624.4米的高度独傲群山，成为江苏省的最高峰。

连云港是一座历史悠久、文化积淀深厚的城市。东海大贤庄、爪墩、锦屏桃花涧旧石器遗址的发现，将连云港有人类活动的历史至少推到两万年前。连云港的史前时代是一个辉煌的时代。将军崖岩画的内容，不仅是中国最早的东夷先民的祭坛，还是6000年前中国东南沿海第一个观天测象台。6500年前的灌云县大伊山遗址，是中国目前发现时间最早的石棺葬遗址。中云藤花落是4500年前龙山文化的遗存，推现出一个中国最早的岛国——“羲和之国”的都邑形象。

秦汉以降，历史同样书写着连云港的辉煌篇章。秦始皇东巡海上，朐山立石，在孔望山前矗立起象征着“统一六合，威加海内”的秦东门。他挥鞭赶石，在汹涌洪波中筑起一道秦帝桥。秦山岛畔，悬崖峭壁上留下了纪功颂德的刻石。赣榆金山是徐福的故里，徐福从这里扬帆出海，从这里东渡扶桑，在茫茫的大海上，架起了一座中日文化交流之桥。

历经200多年的强汉，地处海疆一隅的连云港，留下了多处足以彪炳千古的胜迹。霍贺、戴胜、侍其繇、西郭宝，一座座西汉郡守墓的发掘；中国第三具湿尸——西汉凌惠平完整女尸的出土和保护；中国最早的海权界域刻石——苏马湾界域刻石的发现；中国最早的佛教摩崖艺术遗存——孔望山东汉佛教造像的确认；中国生成时间最早、内容最完整的西汉郡级文书档案——东海尹湾汉墓简牍的重见天日，是两汉时期经济高度发达的形象观照，也是连云港市两汉璀璨文化成就的具象体现。

连云港是一座充满了人文气息的浪漫城市。山、海相拥，港、城相抱。大山的灵秀、大海的深邃，不仅造就了连云港这座城市独特的自然景观，而且在山海之间到处可以看到历代名人的诗咏题刻，使之成为名符其实的“石刻之乡”。我们还可以在这座城中寻觅到中国四部经典名著的身影。历史上的宋江，为《水浒传》创作提供了原型，宋江在海州战败投降，为《水浒传》中的众兄弟铺陈了最壮烈的悲惨结局。海州张叔夜登高碑，海州埋葬义士的“好汉茔”，是施耐庵创作《水浒传》的重要题材和人文背景。花果山是一座拥抱着中国两部古典名著的文化之山。吴承恩以花果山北麓为创作背景，给我们留下了一部《西游记》，也给我们留下了一座文采飞扬的名山和一只神猴孙悟空的光辉形象。花果山的南麓——东磊，是古典名著《镜花缘》的创作背景地。东磊的“小蓬莱”，东磊的葛藤，也因此有了生命，草木生辉，光彩照人。《儒林外史》虽未诞生于连云港，作者吴敬梓却在赣榆生活了10年。赣榆的山水哺育他成长，淳朴正直的齐莒风概磨砺了他的人生，而这10年正是他从一个少年走向成熟的关键性的10年。另外，中国古典悲剧《窦娥冤》的创作源于连云港境内流传甚广的“东海孝妇”传说。多部名著与这座充满灵性的城市有着割舍不断的情缘，这是连云港人之幸。

海通达全球，山富物产丰。连云港是一座有着独特优势和发展潜力的城市，是一座充满希望的城市。21世纪的连云港必将建设成为综合实力显著增强的新兴工业城市，全面融入经济全球化的国际性海港城市，环境优美、特色鲜明的中外知名旅游城市，港口、陆桥和区位优势得到充分发挥的区域性物流中心和商务中心。

亲爱的同学们，通过本书的学习，我们可以更全面地了解我们的家乡，在连云港本土文化的熏陶中亲近文学，让我们用文学之笔歌咏我们可爱的家乡——连云港。

Contents

目录

第四章　东海名著与东海名士／073

第五章　民俗文化／109

后　记／128

第一章
港城名片

第一节　旅游名城

第二节　市歌《在海一方》

第三节　市花玉兰花

第四节　市树银杏树

第五节　市竹金镶玉竹

第一节

旅游名城

连云港市，古称“朐县”“东海郡”“海州”。这个古老而又神奇的城市，远自“东方海外之大壑、少昊之国”，阅尽秦始皇在此立东门阙的历史风云，饱经汉唐以来沧海桑田的天人巨变，终由史称的“东海名郡”而成为当代中国首批14个沿海开放城市之一，如今正以新亚欧大陆桥东方桥头堡的雄姿屹立于黄海之滨而扬名海内外，展示出一座具有海滨风光的山城相拥、碧水环绕、园林棋布的现代港城和旅游名城的辉煌未来。

文学品鉴

连云港旅游文化三字经

连云港，旅游城，四海内，享盛名。
山海岛，生态境。古岛国，尧命名。
东海郡，久文明。苍梧山，舜帝陵。
殛鲧处，羽山顶。大伊山，伊尹生。
太阳石，观苍穹。将军崖，天书成。
藤花落，东夷城。石棺群，先民冢。
孔望山，仲尼登。夹谷山，齐鲁盟。

秦徐福，寻长生。摩崖像，佛道融。
汉美女，凌惠平。连岛美，精卫营。
秦山岛，赖神功。有神路，卧海中。
云中涧，瀑布生，田横岗，在巅峰。
凤凰山，玉皇宫，隋朝建，存古松。
花果山，水帘洞，《西游记》，孕其中。
石棚山，交华亭。刘糜姻，三国兴。
白虎山，宋江茔。《镜花缘》，东磊影。
吴敬梓，赣榆情。《金瓶梅》，出兰陵。
苏马湾，浪漫情，同海誓，共山盟。
宿城幽，桃源境。枫树湾，绿映红。
高公岛，雪浪涌。渔湾秀，浪飞腾。
桃花涧，水淙淙。海州湾，滩如虹。
抗日山，葬英雄，驱日寇，留英名。
前三岛，浮海中，神仙地，方瀛蓬。
玉兰王，千年龄。金镶玉，竹中精。
步长堤，观港景。探煮海，看深井。
尝海鲜，购水晶。洗温泉，游海泳。
大陆桥，由此兴。桥头堡，迎宾朋。

连云港市鸟瞰图

历史沿革

本地区的人类活动史可追溯到10万年前。马陵山的大贤庄遗址证实，约在10万年前，古人类就在此狩猎、采集和生活。锦屏山（原称“马耳山”）桃花涧旧石器时代遗址、白鸽涧旧石器时代遗址证实，在距今1万至2万年前，我们的祖先就在这里创造了被考古界称为“小石片工业”的古代文化。华盖山遗址、二涧遗址及将军崖岩画，都说明4000至7000年前连云港地区就有了农业生产活动。

根据《史记》记载，现将连云港历史沿革分述如下：

夏商时代属徐州，称“人方东夷”“人方国”“隅夷”。

西周时代属青州（一说兖州），称“人方国东夷”。

春秋战国时期先属鲁，后归楚，称“郯子国”。

秦代称“东海郡”，辖朐县、郯城、兰陵、襄贲、缯、下邳、淮阴、盱眙、东阳、堂邑、广陵、凌12个县。

西汉时称“东海郡”，属徐州刺史部，辖朐县、郯城、兰陵、襄贲、缯、良城、下邳、平曲、戚、开阳、临沂、利城、海西、兰祺、南城、山乡、即邱、祝祺、费、厚丘、容邱、东安、合乡、丞、建阳、曲阳、司吾、于乡、都阳、阴平、吾乡、武阳、新阳、建凌、昌虑、都平、建乡、平曲38个县。

东汉时期称“东海郡”，隶属于徐州刺史部，辖朐县、郯城、兰陵、襄贲、戚、利城、祝祺、承、厚丘、合乡、昌虑、赣榆、阴平13个县。

三国时期称“东海国”，属魏，辖朐县、郯城、兰陵、襄贲、戚、利城、祝祺、承、厚邱、昌虑、合城11个县。

西晋时期称“东海郡”，隶属于徐州，辖朐县、郯城、兰陵、襄贲、戚、利城、祝祺、承、厚邱、昌虑、合乡、赣榆12个县。

东晋时期称“东海郡”，先后隶属于后赵、前燕、南燕、东晋，辖朐县、郯城、利城、襄贲、祝祺、厚邱、赣榆7个县。

南朝前期称“东海郡”，辖齐郡、东莞、琅玡、西海、东海、北海郡；南朝后期除前辖地外，又辖青州、冀州（侨置）。

南朝齐、梁称：①东莞郡、琅玡郡，辖即丘、南东莞、北东莞3个县；②北东海郡，辖襄贲、僮、下邳、厚丘、曲城5个县；③北海郡，辖都昌、广饶、赣榆、胶东、剧、下密、平寿7个县；④齐郡，辖临淄、齐安、宿豫、尉氏、平虑、昌国、益都、西安、泰9个县。

北朝东魏称：①东彭城郡，辖龙沮、安东、勃海3个县；②东海郡，辖赣榆、安流、广饶、下密4个县；③海西郡，辖襄贲、海西、临海3个县；④沭阳郡，辖下邳、临渣、怀文、服武4个县；⑤琅玡郡，辖朐、海安、山宁3个县；⑥武陵郡，辖上鲜、浴安2个县。

北齐、北周称：①东海郡，辖广饶、东海2个县；②朐山郡，辖朐山县；③武陵郡，辖上鲜、洛安2个县；④沭阳郡，辖沭阳县；⑤海安郡，辖襄贲县。

隋朝称“海州”，后称“东海郡”，辖朐山、东海、涟水、沭阳、怀仁5个县。

唐朝时隶属于河南道，先称“海州总管府”，后称“海州”，又称“东海郡”，辖朐山、东海、沭阳、怀仁4个县。

五代时先后属吴、南唐、后周，称“海州”，辖朐山、东海、沭阳、怀仁4个县。

北宋时先属淮南路，后属淮南东路，称“海州”，辖朐山、东海、沭阳、怀仁4个县。

南宋时属山东东路，称“海州”，辖朐山、东海、沭阳、赣榆、涟水5个县。

元朝时属河南行省淮安路，先称“海州路总管府”，后称“海宁府”，又称“海宁州”，辖朐山、沭阳、赣榆3个县。

明朝时属南京淮安府，称“海州”，辖赣榆、朐山2个县。

清朝时属淮安府、徐州道、江苏布政司、江宁布政司、淮扬（海）道，称“海州直隶州”，辖赣榆、东海2个县。

民国时属江苏省淮海专署、江苏省徐州绥靖公署，先称“徐海道”，后称“东海行政区”，辖东海、灌云、沭阳、赣榆、连云市5个县市。

中华人民共和国成立后，属山东鲁中南行署，先称“新海连特区”，后称“新海连市”，辖新海市、连云市、云台办事处（后又分前云台区、后云台区）两市一区。后称“新海连市”，辖新华区、民主区、锦屏区、浦西区、前云台区、后云台区、连云区等7个区。

1953年1月1日起划入江苏省，归徐州专署管辖。1961年，新海连市更名为“连云港市”，1962年，成为江苏省辖市。1983年，国家地市体制改革时，江苏省将原徐州地区的赣榆、东海、灌云3县划归连云港市。1996年，江苏省又将灌南县划归连云港市。连云港市现辖东海、赣榆、灌云、灌南 4 个县和新浦、海州、连云3个区及国家级经济技术开发区。

活动探究

1. 查阅资料，理解《连云港旅游三字经》，设计一段宣传连云港的广告词。
2. 背诵《连云港旅游三字经》。
3. 寻找身边的美景，尝试创作一首小诗或一段歌词，在班级中交流。

第二节

市歌《在海一方》

连云港市歌《在海一方》由市委宣传部组织创作，著名作曲家乔羽作词，宋祖英演唱，具有较强的艺术感染力。整首歌曲的表达既有海的美丽辽阔，又有时代特点和百姓情趣。这首歌洋溢的自豪感与对自己家乡的热爱，让每一位唱和听这首歌的人都能够体会到，从而对连云港产生好感。《在海一方》在中央电视台首届“城市之歌”音乐电视展播评比中获得最高奖——“最佳城市形象歌曲奖”。

文学品鉴

在海一方
作词：乔羽
作曲：郁洲萍
演唱：宋祖英

在天一方，在海一方，
在这片海天相接的地方，
在天一方，在海一方，
这就是我们我们的连云港。

哎—咝—哎—咝—
美丽的海湾，可爱的家乡，
西连亚欧大陆风云，东临太平洋；
美丽的海湾，可爱的家乡，
西连亚欧大陆风云，东临太平洋。

古调悠悠，新歌洋洋，
在这片天地祥和的地方；
古调悠悠，新歌洋洋，
这就是我们我们的连云港。
哎—咝—哎—咝—
繁荣的海湾，文明的家乡，
迎来四方嘉宾好友，共享花果香；
繁荣的海湾，文明的家乡，
迎来四方嘉宾好友，共享花果香；
共享花果香。

文化访谈

访著名歌唱家、市歌《在海一方》首唱者宋祖英

“在天一方，在海一方，在这片海天相接的地方……这就是我们的连云港。”昨天上午，在连岛海滨浴场，当著名歌唱家宋祖英用她那甜美的歌喉唱起我市市歌《在海一方》时，观众们沸腾了，呼喊声、鼓掌声此起彼伏。熟悉的旋律、熟悉的歌词，引发了台下观众们的共鸣，他们挥舞着手，齐声高唱这首赞美连云港的动人歌曲，台上台下的歌声连成了一片。

宋祖英结束激情演唱之后，记者通过多重“关卡”在通往后台的过道上见缝插针地对她进行了采访。“在连云港唱《在海一方》，感觉非常好，有种特别的亲切感。”刚刚结束演出的宋祖英显得兴奋而又激动，不时挥手向高声呼喊她名字的观众们示意，观众们也以热烈的掌声予以回应。“现场的观众太热情了，他们的欢呼与热情让我感受到了他们对于这首歌的喜爱，也让我更能体会这首歌的精神与内涵。今天我发挥得很出色，这与观众们对我和这首歌的支持有直接关系。”

作为《在海一方》的首唱者，宋祖英对这首歌有着特殊的感情，当她得知这首歌被我市定为市歌后显得十分开心。“《在海一方》这首歌很美，从旋律到歌词都无可挑剔，整个歌曲的表达，既有海的美丽辽阔，又有时代特点和百姓的情

连云港港口

趣，只要听过这首歌，连云港美丽的景色与美好的未来就会在眼前展现。我作为这首歌的首唱者，感到很荣幸。我在《同一首歌》、‘心连心’艺术团慰问演出时经常演唱这首歌。对家乡的热爱和自豪是人们共有的，在每个人的心里都是最深沉的，这首歌洋溢的自豪感与对自己家乡的热爱，让每一个唱这首歌的人都能够体会到，从而对连云港产生好感。尽管这首歌我已经演唱过好多遍了，但每次演唱时仍会感到激动，感受到那种浓厚的感情。”

在第一届“连云港之夏”的开幕式上，宋祖英首次将《在海一方》献给了观众，时隔7年之后，当她再次站在连云港海滨唱起这首歌时，心里感触很多。“连云港这个地名很美，看到这个名字就让人向往，7年前我来到这儿时，就发现这里的景色比名字更美丽。今天当我再一次来到这座美丽的海滨城市时，它的变化让我惊喜。昨晚一路过来，连云港市便利的道路交通、美丽的城市夜景，让人充分感受到了它的变化，我相信连云港一定会像歌中描绘的那样美丽。”

“我十分高兴来到这里演出，在这里有一种亲切感和放松感，希望下次还能有机会到这里来。”在结束采访时，宋祖英再一次表达了她对连云港的喜爱。“我会将《在海一方》带给更多的观众，让更多的人了解连云港、喜爱连云港。”

2006年10月26日

活动探究

1. 欣赏市歌《在海一方》。
2. 你参加过连云港“在海一方”演唱会吗？如果参加过，请写一篇“在海一方”演唱会观后感；如果你没有参加过，请采访参加过的同学，写一篇采访录。

第三节

市花玉兰花

玉兰花是连云港市的市花，而东磊玉兰花王是中国最大的玉兰花树。

文学品鉴

玉兰诗会即兴

侍述清

东磊出名花，风姿清似水。
芳魂笑早春，玉骨谁堪比！
游客何其多，识卿能有几？
瑶池一散仙，飘落凡尘里。

踏莎行·连云港东磊

郁州如茵

旭日东升，衔泥紫燕，玉兰怒放春风扮。

条条碧柳绕山湾，盈盈涧水溪流慢。
鬼斧神工，风摇石冠，观音滴水平安赞。
攀登眺望叹沧桑，人逢盛世诗书伴。

七律·赞连云港东磊玉兰王

郁州如茵

巍然屹立向山门，大树擎天雅韵存。
朵朵轻盈含玉露，丛丛绮丽染霞痕。
闻香雪蕊千枝阔，品秀仙葩万缕魂。
海古神幽奇妙地，花繁底是育深根。

七律·咏玉兰花

郁州如茵

屹立苍梧灵秀地，桑田沧海蕴清芳。
若迎朝露银杯举，唯借春风玉蝶翔。
喜阅千秋圆琦梦，欣承万代沁馨香。
黎民笃爱花繁茂，似雪如兰瑞气扬。

清香玉兰

连云港市区往东约10千米处的东磊风景区的延福观内，有全国树龄最老，树高、树围最大的玉兰花树。这几棵树毗邻生长，树龄多在800年以上，树冠连片如华盖，遮住一亩多地。其中延福观南侧偏院有一棵古老的玉兰花，高达20米，粗两围，人称“玉兰王”，文人则誉其为“玉兰仙人”。它背依苍苔满布的石壁，花朵更加高雅皎洁，清代两江总督陶澍对它的赞辞是：“奇石似人花下立，仙人如鹤竹间来。”游人在山下，就可望见盛开的树冠，像一大片白云弥漫在半山之间。这株“玉兰王”的花开得也非同凡响，每朵均如手掌大小，繁花盛开时，清香迷人。有位散文家比喻这些花朵在熏风中，“像万头洁白的乳鸽栖息技头，展翅欲飞”，可谓尽述其美了。

玉兰花

2005年3月5日，一套4枚玉兰花邮票的首发式在连云港举行，我市的玉兰花王被排在首位。

此次发行的玉兰花特种邮票由我国著名画家龚文桢设计，全套邮票共有4枚，分别为玉兰、山玉兰、荷花玉兰和紫玉兰。邮票面值均为80分，其中首枚邮票玉兰发行量为1300万枚，其他3种为1200万枚。

活动探究

1. 欣赏玉兰花王，设计一段导游词，并尝试做一次义务小导游。
2. 为玉兰花王摄影，并配上简短的说明或描述，在班级中举办小摄影展。
3. 尝试创作一首小诗或一段歌词描绘玉兰花王，在班级中交流。

第四节

市树银杏树

银杏树，又名“白果树”，被称为“自然界的活化石”。北至黑龙江，南到海南岛，在广袤的中华大地绝大数地区都可以看到银杏树的身影。银杏树招人喜爱，不光在于它果实甘美、药用价值高，还在于它的伟岸与美丽以及拥有悠久的历史。而连云港的银杏树更是历史悠久，被誉为连云港市的市树。

文学品鉴

七律·赞连云港市树—银杏树

郁州如茵

郁州春色漫天涯，银杏迎风扇翅针。
玉叶新鲜涂碧蜡，金枝闪亮映秋霞。
苍梧沃野生佳木，花果仙山绽瑞花。
万籽如珠甘入药，千年古树誉中华。

题三元宫千年银杏

孙苏林

千年银杏骨铮铮，浊世烟云盛世情。

夜拂清阴临碧海，朝迎旭日孕芳春。
几番浩劫辛酸泪，百种艰难雨露心。
胜会三元曾记否，大村暴动入年轮。

千年银杏

花果山上的银杏树，树龄都很长，生长在三元宫周围的古银杏，树龄在800年以上的就有18棵。其中，三元宫院内的银杏树，树龄已逾千年。每至秋季，树叶金灿灿，硕果压满枝，游人无不唏嘘称奇。

千年银杏树

银杏树，落叶乔木，雌雄异株，叶片成扇形。木材致密优良，多用于雕刻、砧板等，且经久耐用。银杏树生产周期长，又称“公孙树”，但由于生产技术的提高，银杏发育成熟挂果的时间缩短，产果的年限延长，产量大幅度提高。银杏树具有抗旱性强、适应性强、繁殖能力强的特点。树叶可入药，制成的银杏叶茶和中成药具有防治心脑血管疾病、抗病毒、消炎、抗血小板活化因子、延缓衰老等治疗和保健作用。

据研究，银杏类起源于石炭纪（距今3.45亿年），银杏目起源于二叠纪（距今2.5亿年）以前，银杏属则起源于1.9亿年前的侏罗纪早期。现存的银杏，其历史可追溯到7000万年以前的古新世（第三纪早期）。到了白垩纪后期及新生代第

银杏果

三纪，银杏逐渐由盛变衰。到了第四纪，在中欧及北美等地的银杏全部灭绝，只在我国保存一种。银杏的价值不仅在于它能跨越“有史时期”生存下来，更重要的是，它能在这漫长的“地质时期”保持该物种的遗传稳定。

银杏属木本植物，其果实的果壳为白色，果仁似杏仁，故名“银杏”，又名“白果”。果实呈椭圆形，果实外面有橙黄色带气味的种皮，果仁可以食用，也可以入药。

活动探究

1. 查阅资料，搜集关于银杏的诗词文章。
2. 为我市的市树写一份宣传语。

第五节

市竹金镶玉竹

金镶玉竹十分名贵，这种竹是我国四大名竹之一，全国独有连云港云台山生长此竹。金镶玉竹为竹中珍品，其珍奇处在那嫩黄色的竹竿上，每节生枝叶处都天生生成一道碧绿的浅沟，位置节节交错，一眼望去，如根根金条上镶嵌着块块碧玉，清雅可爱，故古海州志中称其为“金镶碧嵌竹”。云台山上的金镶玉竹生长旺盛，分布较广，以花果山上最多，而紧靠三元宫的屏竹禅院一带的金镶玉竹尤为繁茂。

文学品鉴

屏竹禅院

屏开山寺，钟山觉我浮生昧；
竹隐禅房，潭影空君半日闲。

——陶澍

屏风鸟度尘嚣远，竹韵雨敲禅院幽。

——陈凤桐

金镶玉竹

入院品茗无俗态，临窗听竹有骚风。

——杜守京

曲径回廊，艺半亩金镶玉竹；

禅风仙骨，品一杯云雾清茶。

——马平

金镶玉竹

金镶玉竹是镶在云台山上永不褪色的美玉，它给游人留下了难以磨灭的印象。

金镶玉竹的历史是很古老的，宋代成都人许观在《东斋纪事》中说：“竹之异品颇多……对青竹，竹黄而沟青，故每节若间出，云此竹今浙中亦有之，唯会稽颇多，人呼为黄金间碧玉。”

由此可知，宋代的时候，金镶玉竹的俗名，在成都叫“对青竹”，在会稽叫“黄金间碧玉”，并被视为异品。传播到今天，有的地方还残存一些，有的地方逐渐消亡，独云台山金镶玉竹生长愈来愈旺盛，这主要是前辈精心绿化、注意保存和发展名种所致。

金镶玉竹是刚竹属黄槽竹的一个变形，是我国四大观赏名竹之一。其杆色金黄，间碧绿化条纹，四季常青，挺拔秀丽，是很好的园林绿化竹种，具有很高的观赏价值和经济价值。

金镶玉竹为连云港市特有的乡土竹种，在连云港市云台山分布呈野生状态，主要生长在花果山、东磊及宿城等山上。自古以来，云台山就以丰富的南方草木闻名于世，连绵的山峦、湿润的环境，形成了类似江南的小气候，造就了它鹤立于苏北平原之上的独特风情。除此之外，云台山还盛产多种多样的竹子，低矮的细如苇茎，铺满山麓；高大的粗如人臂，挺拔入云。

云台山当地人习以为常，以为这种竹子本来就应该长成如此模样，而山外的专家们见了却大加赞叹，说它是一种观赏价值很高的品种，是云台山的骄傲。前些年在我国内陆地区仅发现几百株金镶玉竹，新华社便专门发了电讯稿，可见其珍贵。

省市及外地专家经过多方研究论证，确定产自云台山上的金镶玉竹为连云港“市竹”。自此，连云港市便大规模实施“名竹下山进城”计划，在城区广泛栽植覆盖，绿化道路广场，扮靓公园小区，使名竹走进老百姓的日常生活，让市民出门见绿、抬眼见竹。同时，用竹子身上那种正直挺拔、高风亮节、虚心坚韧、清高脱俗的精神陶冶市民情操。

金镶玉竹邮票碑

1993年6月，我国发行一套《竹子》特种邮票，特将连云港市云台山金镶玉竹列于4枚中的第2枚。不久，金镶玉竹邮票碑便也竖到了去屏竹禅院的路口，成了花果山一景。

活动探究

1. 观察自己周围的环境，寻找金镶玉竹的身影。
2. 用自己的语言描述观察金镶玉竹的感受。

第二章
古韵胜迹

第一节　将军崖岩画
第二节　孔望山佛教摩崖造像
第三节　云遮雾绕花果山
第四节　海岛仙踪秦山
第五节　登山望海孔望山
第六节　羽山殛鲧千古恨
第七节　花果山摩崖题刻群

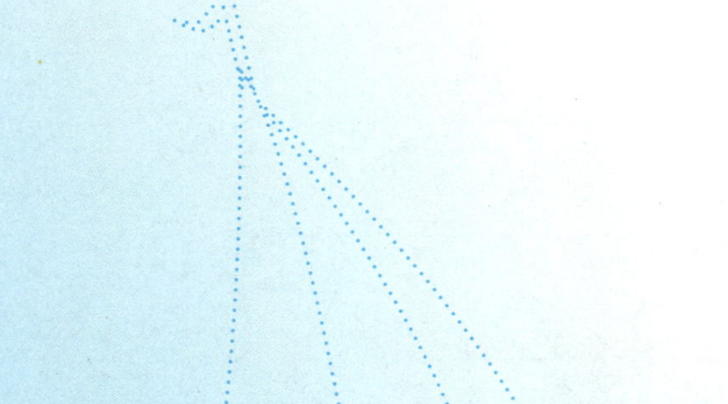

第一节

将军崖岩画

中国沿海唯一的岩画——将军崖岩画位于连云港市海州区锦屏镇桃花村锦屏山南麓的后小山西端。在南北长22.1米、东西宽15米的一块混合花岗岩构成的覆钵状山坡上，分布着三组线条粗率劲直、作风原始、断面呈“V”形、面壁光滑、以石器敲凿磨制而成的岩画。这是我国迄今发现的最古老时代的岩画，是东南沿海地区首次发现的岩画，是唯一反映农业部落原始崇拜内容的岩画，距今约4000年。著名考古学家苏秉琦先生称之为我国最早的一部“天书”。

文学品鉴

将军崖岩画

尚爱民

将军崖上画，奥妙义难知。
天地人间事，朦胧一卷诗。

解读“天书”

将军崖岩画发现于1979年冬。岩画分布在长22米、宽15米、面积约330平方米的黑色岩石上，内容反映了原始先民对土地、造物神以及天体的崇拜意识，是中国目前发现最早的反映农业部落社会生活的石刻画面。1988年，将军崖岩画被中华人民共和国国务院公布为全国重点文物保护单位。

岩画分为3组。第1组位于西部，长4米、宽2.8米，刻有人面、兽面和禾苗图案，并有9个符号。最大的人面高0.9米、宽1.1米，头上刻一高0.32米、宽0.88米的尖圆顶饰物，上部为一复线半圆形图案，沿部刻有上下相对成菱形的复线三角纹，中以弦纹分开；人面的口部与另一个人面的头部相接；眼睛以两条线勾出眼皮，再以3条横线表示眼睛；腮部刻有许多与五官无关的杂乱线条；其他人面的眼睛皆是在同心圆中加一圆点表示，大都有一条贯通的直线向下与禾苗图案相连。这一组还有两个不加脸框的人面图案，与龙山文化玉器、良渚文化玉器上的兽面纹极相似。禾苗图案分为2种：一种是由下向上刻4～8根呈辐射状的线条；另一种是在第一种图案的下部加一个三角形，中刻几条横线或圆点。

第2组位于南部，长8米、宽6米。左侧刻一长6.23米的带状星云图案，中以短线分为4节，左上角刻一个宽0.14米的兽面。星云图案用大小不同的圆点或圆点外加圆圈表示。这组岩画的下侧主要是各种动物的头骨图案，眼、鼻、口、齿

将军崖岩画

可辨，但无脸框。右上侧有3个排列规整的太阳图案：同心圆外加放射线14～21根，3个圆心连接成直角三角形。在这些主体图案之间刻有许多表示星云的圆点或短线构成的各种图像。

第3组位于东部，刻有4个与古代传说中天神有关的人面，用短线和圆点表示五官，其中两个人面的头上刻有羽毛状饰物，人面之间也间杂以圆点和符号。

3组岩画的中心相互倚叠着3块从别处搬来的石头，每块大小长2米、宽1.5米左右，石表面分布着对称的圆圈图案，直径0.03～0.07米不等。东侧有一未脱离基岩的大石，长3.7米、高2.5米。上述遗迹似与东夷先民奉大石为社神、“下有三小石为足”的祭祀风俗有关。为了确保将军崖岩画的安全，1980年，连云港市人民政府指示停止对岩画下地层中矿藏的开采。中华人民共和国国务院办公厅于1981年6月组织文物、地质、采矿等方面的专家到现场讨论保护问题。1983年，岩画周围装置了保护栅栏，并成立了文物保管所。目前，岩画表面的裂缝已趋稳定。

活动探究

1. 查阅资料，了解将军崖岩画。
2. 实地考察将军崖岩画，给家人介绍将军崖岩画相关知识。

第二节

孔望山佛教摩崖造像

孔望山佛教摩崖造像是我国迄今为止发现最早的东汉桓、灵时期的佛教石刻艺术，位于海州区朐阳孔望山南麓西端。1988年1月，孔望山摩崖造像被公布为第三批全国重点文物保护单位。

文学品鉴

洞辟几时问山壑而不语，
龙在何处借青庵兮长吟。
——杜守京

登孔望山品摩崖有形佛史，
历龙兴寺观象石无字仙书。
——李德身

西江月·孔望山摩崖造像

孟凡思

秦立东门阙石，孔望隔海云台。
千秋造像覆青苔，雕凿神工汉代。

感叹茫茫沧海，仰瞻落落摩崖。
佛陀身范漫铺开，焕发辉煌异彩。

孔望山东汉摩崖造像

赵朴初

海上丝绸路早开，阙疑史实证摩崖。
可能孔望山头像，及见流沙白马来。

摩崖造像

孔望山摩崖造像群位于海州区朐阳孔望山南麓西端。造像依山岩的自然形势刻在东西长17米、高8米的崖壁上，共计105个，分成18组。整个造像内容可概括为3个方面：一是佛教内容，有佛、菩萨、弟子、力士和供养人等，以释迦牟尼佛的本生和本行故事为题，主要内容为萨陲那太子舍身饲虎、涅槃、初转法轮等。二是道教内容，主要是表现道教崇拜的形象，为三尊独立的汉式衣冠正面像，是造像群中最大的造像。三是世俗内容，为汉画像石中常见的“进谒”“宴饮”等。造像群的雕刻技法有单线阴刻、平面线刻、浅浮雕、高浮雕4种，主要以平面减地浮雕为主，风格古朴。著名文物专家、中国文物鉴定委员会主任委员、国家文物局文物专家组副组长史树青1980年6月来连云港考察后认为，孔望山摩崖造像建造年代要早于敦煌200年。

中国汉代最大的圆雕作品——孔望山石象位于连云港市海州区孔望山摩崖造像群东侧约30米处，就自然的椭圆形巨石通体雕琢而成。石象体长4.9米，背宽3.45米，高2.2米，底座厚0.4米。其浑厚圆润的臀部、弯曲的尾巴、粗壮的四肢、宽阔的腰背，无一不给人以重、大、雄、实的感觉。石象四肢之间未加透

孔望山石象

雕，显示了汉代圆雕的早期特点和技法。石象的东侧前腿后浮雕着一个头束丁字形头髻、右手持拿钩的象奴。象奴高0.92米，双腿戴有链锁。象奴的造型风貌及雕刻技法和孔望山造像群一致。石象的两条前腿和象奴的双脚一样，拴有铁匝，双脚下踏有莲花。石象东侧还用阴线刻一高1.13米、宽0.62米的方框，内镌隶书“象石”二字，估计为后人补刻。此石象系我国汉代石雕作品中最大的一件。

我国现存最大的石雕蟾蜍——孔望山石蟾蜍位于连云港市海州区孔望山风景区内，该石雕蟾蜍长2.4米、宽2.2米、高0.9米，卧于一直径2.9米的圆盘型大石上，石质苍郁斑驳，色泽呈鲜明的青绿色。石雕蟾蜍遍体镌有阴线刻的鳞片状纹饰，腿上也有斑点状花纹，四足刻有尖爪，头颈与背部分界明显，头部两侧面各刻有阴线纹眼睛。蟾蜍石头部早年遭到破坏。目前，此石为我国现存最大的圆雕蟾蜍。

活动探究

1. 查阅资料，了解孔望山佛教摩崖造像。
2. 实地考察孔望山佛教摩崖造像，写一篇观后感。

第三节

云遮雾绕花果山

花果山的成名源自著名古典小说《西游记》。明代万历年间，淮安人吴承恩身临此山，涉足遍览，以此山为自然背景写成了《西游记》。花果山，原称“青峰顶”，是云台山脉的主体，位于连云港市府所在地新浦东南9000米处，其最高峰玉女峰海拔625.3米，是江苏省第一高峰，“云台三十六景”中的主要景点大都分布于此，有“东海胜境”之誉。

文学品鉴

题花果山

周克玉

海天福地水帘洞，金竹银杏三元宫。
大圣功成今何在？群猴嬉戏玉女峰。

人间幻境花果山

汪曾祺

花果山的出名，是因为据说这里是孙悟空的老家。我对这种说法一直持怀疑态度。这回到了连云港，上了趟花果山，我的看法有些改变了。

花果山是云台山的一部分。程学桓《云台山诸山记游》云："河自西来，薄于淮，折而东北走，盖将入海矣。距海既近，天地于是蓄其力而隆为山，以持束之，……其最高大而横绝海上者，则为云台山。"写《西游记》的吴承恩是淮安人，淮安没有山。我曾听朱自清先生说过："淮安人是到了南阁楼就要修家书的。"吴承恩平生未尝远游，没有见过多少名山大川。云台山与淮安近在咫尺，他又有一个朋友是海州人，他到过海州，上过云台山，这种可能性是存在的。如果他写《西游记》曾经从一座什么山受到过启发，那么便只有云台山较为合适。除此之外，还能有什么别的山呢？

云台山自来就有点神话色彩，有点仙气。传说这座山本来没有，是从南方徙来的（漂来的么？）。《山海经·内东经》："郁洲在海中，一曰郁州。"郭璞注："今在东海朐县东，世传此山自苍梧徙来，上皆有南方物也。"明顾乾《云台图识》引《三元真经》："三元神圣，驾五色祥云，乘九气清风，云台山上，放大豪光。"这座山原来在海里，山与州之间，隔着一个渡口，风涛险恶。康熙年间，海涨沙淤，渡口忽成陆地，游人才能"骑马上云台"。这样一座"幽深秀特，常冠云气"（《江南通志》）的缥缥渺渺的海上仙山，作为一个神魔故事的产生背景，并非偶然——吴承恩是会看到或听到过这一类的传说的。

我们上花果山，在十二月初，满眼看到的是遍山新栽的松树和不少银杏。银杏的树龄多在千年以上，老干婆娑，饶有古意。银杏虽也结果，叫做白果，但是大家都不拿它当果树看，所谓"果"，通常指的是水果。然而从前山上的花果是颇多的。崔应阶云此山"多古木，杂植花树，殆以万计，实为大观。"吴承恩如果上过云台山，它虽然不一定看到《西游记》里所写的"瑶草奇花不谢，青松翠柏长春，仙桃常结果，修竹每留云"的景象，但和今天肯定是很不一样的。

坚持这是孙悟空的老家的同志认为最有说服力的证据，是山上有一个水帘洞。

水帘洞倒是在吴承恩写《西游记》之前就已经有了，并非因为有了《西游

水帘洞

记》而附会出来的。明朝人顾乾《云台山三十六景》里的一景是“神泉普润”，记云：“三元殿东上一里许有水帘洞。”刺史王同题曰“高山流水”，又题曰“神泉普润”。王同题字刻石，今犹在。

水帘洞的洞口作“人”字形，像一间屋。旧记：“洞中石泉极浅小，冬夏不竭，泉甚甘美。”这口泉今犹可见。这样高的山洞里有泉水，倒是很新鲜的，极易让人产生美丽而久远的联想。

一个外来的游客也许会觉得失望：“这就是水帘洞么？”他大概想看到一股瀑布飞泉，“一派白虹起，千寻雪浪飞。海风吹不断，江月照还依。冷气分青嶂，余流润翠微，潺湲名瀑布，直似挂帘帷”。他也许还想看到一道铁板桥，铁板桥后“翠藓堆蓝，白云浮玉，光摇片片烟霞。虚窗静室，板凳生花。乳窟龙珠倚柱，萦回满地奇葩……”还想看到石座石床，石盆石碗，“一竿两竿修竹，三点五点梅花”……那未免太天真了。世界上绝对找不出这样的地方，这只是吴承恩的想象。

想象总得有点现实根据。吴承恩的根据，大约就是云台山上的水帘洞。

往游花果山之前夕，枕上曾想了几句诗：

刻舟胶柱真多事，
传说何妨姑妄言。
满纸荒唐《西游记》，
人间幻境花果山。

游罢花果山，所得的印象总括如此。

女娲遗石

女娲遗石

娲遗石是夹在大石缝中的一块奇石，它上不靠天，下不着地，俗说是女娲炼石补天剩下来的石头。从明代开始，我国进入了长篇小说创作的鼎盛时期，许多作家都喜欢在石头上大做文章，首创者吴承恩就是按照这里石头的尺寸和形象来描述孙悟空出世的。娲遗石上方有半边石卵，据说另一半在孙悟空出世时被崩到山下去了。石卵一侧有一块形似猴头的巨石，温情地吻着娲遗石，那便是孙猴子成仙后脱下的凡胎。娲遗石下方的池子叫“阿耨达池”，阿耨达是梵语的译音，意为众水之源。传说过去仙女常来洗澡，孙猴子出世后在里面撒了泡猴尿，弄脏了池子，从此仙女们就不再来了。

活动探究

1. 游览花果山，花果山上与《西游记》故事紧密相连的景点有水帘洞、老君堂、仙人桥、南天门、唐僧家世碑、照海亭、懒汉石、美人松、一线天、九龙桥等。如果你是一位导游，面对纷至沓来的游客，你准备怎样介绍家乡的山水胜景?搜集资料，写一篇花果山导游词。

2. 如果你是一位摄影师，你希望用自己的镜头拍下花果山的哪处风景?试试看，别忘了附上简短的图片说明。

第四节

海岛仙踪秦山

秦山位于连云港市赣榆县东海中15000米处，因山形似琴，原名“琴山”，又因东西二峰形如双乳，俗称“奶奶山”。《史记》载，秦始皇东巡至此山勒石而去，由此而有“秦山”之谓。

文学品鉴

秦山

董杏

长生误听祖龙来，驱石洪涛辇路开。
寂寂海灵残殿在，早潮去尽暮潮来。

再游秦山

匡翼之

吾生真欲访丹邱，不惮乘槎续旧游。
古径竹深难见日，水乡殿晚易生秋。
昔逢樵子还青眼，前度刘郎已白头。
正喜烟波开四面，好于西北望龙楼。

民间传说

赣榆为秦时立县。秦始皇划全国为三十六郡，赣榆属琅琊郡。琅琊郡里有一位鹤发童颜的老人，叫安期生，曾经跟沙上丈人学道，能呼风唤雨、除灾解难。他和当地方士徐福、卢生有些来往。

这个安期生，以卖药为生，常年在沿海一带周游。谁家老人风寒腿痛，他给两味药一吃就好，而他从不收分文。

始皇二十八年，秦始皇东巡了。他上邹峄山，封泰山，南来琅琊郡阜乡亭观沧海时，正好碰上这个安期生。秦始皇一心想长生不老，安期生满肚返老还童之术，两人一见如故，一谈竟谈了三天三夜。安期生又介绍朋友徐福给秦始皇认识，徐福上书说："海上有蓬莱、方丈、瀛洲三座神山，可求长生不老之药。"秦始皇急忙下令徐福造海船，率三千童男童女下海寻长生药。秦始皇在这里住

秦山岛

了三个月也没见徐福寻药回来。他还有事缠身，安期生也要云游他乡，便决定各奔东西。秦始皇钦佩安期生道业之深，临别时赐给安期生黄金千两、白玉千块。安期生把赏赐全留在阜乡亭里，分文未取，还给秦始皇留下赤玉鞋一双，这是一种宝物，穿上它，可日行千里，算是对秦始皇的一种报答，又给秦始皇留下一封信，说："往后数十年，在蓬莱山下可以见到我。"

安期生走出阜乡亭，把两只宽袖一挥，乘风走了，谁也不知道他飘向何方。秦始皇一干人等，有文臣，有武将，一个个都在亭子里发呆，只好收起黄金白玉，拿起赤玉鞋，收起安期生的留书，长叹一声，上车赶路了。

秦始皇回到咸阳，日夜思念，坐立不安，又想到琅琊郡来，一是看徐福回没回来，二是看能不能见到安期生。哪里能等数十年，就是数十天也等不及了，他选吉日，再次东巡，直奔琅琊郡，要去海中登仙山，觅瀛州，寻蓬莱，找到徐福和安期生。大船航行不多时，就看到奶奶山了。秦始皇心中大喜，叫船工把船篷扯起。也算秦始皇运气好，船在海上，顺风顺流，转眼就到了山根。停船登山一看，呵，好一个人间仙境！秦始皇带领文武大臣，前呼后拥，顺小路向山上爬去。

山顶上有座大庙，庙门上有"碧霞宫"三字，可里面并无道士，秦始皇叫人四下搜寻。山前山后寻遍了，也没见徐福和安期生的踪迹。秦始皇叹了口气，心想看样子在这山上是找不到他们了，就叫人竖石碑一块，碑前刻"水天万里"，碑后刻"洪波浸激"，作为纪念。

秦始皇又见山东海边上有两个三丈多高的大石人，忙对宰相李斯说："竖个碑，立'秦东门'阙，就叫这两个石将军为秦国把守东门吧！"石工们刻碑，响声震动龙宫，龙王派虾兵蟹将前来探看。虾兵蟹将回去报告说秦始皇在奶奶山观海。海龙王大为震惊，立即派大太子到奶奶山修建一座"受珠台"。龙王亲自到奶奶山献宝珠一颗给秦始皇，以示敬重。秦始皇得到宝珠，想在山下修一条神路，去龙宫探奇。可修了1万米，潮涨水深，不能再修，连修好的地方也被水淹没了。秦始皇在这里玩了很多天，始终没有找到安期生和徐福。

回到咸阳，秦始皇还是忘不了徐福和安期生，继续差人入海查寻，多年也没找到。后来，奶奶山改名叫“秦山”，正是因为秦始皇来过这里。

秦山问路

位于连云港市赣榆县秦山岛西南侧，面向大陆方向，有一条卵石垒成的石路，长约4000米，几乎与大陆相连，涨潮时，淹没于海水之中；落潮时，石路清晰可见，这就是有名的“神路”。传说，秦始皇看秦山岛距陆地太远，便挥动马鞭，驱赶巨石，铺垫成路。神路非常奇特，路中间的石头与两边的石头迥然不同。中间的石头又高又大、呈白色，而两旁的石头又矮又小、呈黑色。但是不论高矮、大小、黑白，这些石头几乎都像筛选过的一样整齐、圆滑、排列有序，虽潮涌浪激却不能搬走一块。

活动探究

1. 查阅资料，了解秦山。
2. 实地考察，写一篇游记。

第五节

登山望海孔望山

孔望山位于连云港市区以南3000米处，因孔子曾在此登山望海而得名。这座由花岗岩、片麻岩构成的古老山体，距今已有18亿年。孔望山蕴含着丰富的历史文化内涵，为历代游客所景仰。

文学品鉴

孔望山铭

陈文烛

积石岩岩，东海猕猕。
伊谁登之，大哉孔子。
历聘列国，问官郯子。
从游之徒，龂龂阙里。
雅颂既厘，《春秋》成史。
颜渊喟然，曾子曰唯。
吾道万年，流行不已。
观海于澜，真难为水。

岂无王侯，何能似此？
当时则荣，没则已矣。
东秦在瞻，洙泗伊迩。
勒名高山，景行行止。

民间传说

两千四百多年前，孔夫子领着子路、子贡、颜渊等几个门生，周游列国，传道讲学。在郯子国（今山东郯城）访问官制礼仪的时候，他们听说附近的海州山海壮丽，非常向往，就打算去看看。师徒数人坐着车子，来到海州地面。时近晌午，天气燥热，忽听得“轰隆哗啦”“轰隆哗啦”的响声，孔夫子吓了一跳，忙叫子路停车。子路问道：“老师，有什么吩咐？”孔夫子说：“你听啊！山那边轰隆哗啦，又打雷，又下雨，你怎么还一个劲地往山前赶车呢？快点儿找个地方落脚，免得挨雨淋啊！”子路听了孔夫子的话，赶紧勒住缰绳，停下马车。这时候，子贡忍不住“噗嗤”一声笑了，对孔夫子说：“老师，山那边并没有下雨呀！”孔夫子说：“没下雨怎么会有雷雨之声？”子贡道：“老师有所不知。过去，我曾到此地做过珠宝买卖，对这块儿的地理情形知道一些。你看，前面那座不高不矮的小山叫‘朐阳山’，山那边是大海……”

孔子望海像

孔夫子生活在山东曲阜，游历过的几个国家也都在山野平原，没有见过大海。眼下子贡提到“大海”二字，孔夫子觉得新鲜，问道：“大海是什么样子呢？”子贡说：“大海呀，无风三尺浪，有风浪滔天。那‘轰隆哗啦’的声音，本是惊涛拍岸，而不是……”说到这儿，子贡见孔夫子脸色有点儿发红，急忙把话头一转，说：“老师，咱们到山上逛逛，一来观赏大海，二来避暑乘凉，岂不乐乎？”孔夫子高兴地连连点头说：“好好，上去看看！”当即吩咐子路，把马车赶到朐阳山下。师徒们下了马车，子贡在前，孔夫子随后，子路、颜渊等几个门生也都跟着登山。孔夫子鼓起劲头攀到山顶，向东一看，哟！只见天连水，水连天，波浪滔滔望不到边，好大的海，好多的水呀！孔夫子连连感叹，说：“海矣，海矣！我一辈子奔波，要‘克己复礼’。如果再没有人用我的主张，子贡啊，我们就乘木排到海外去吧！”“海矣”这话，传得久了，成了海州地方的一条歇后语：“孔夫子观潮——海了。”海了，变为“没用，不成了”的意思。

孔夫子爬山爬累了，觉得喉咙发干，嗓门冒火，渴得难受，于是吩咐颜渊道：“你到山下去舀点儿海水来解解渴。”“是。”颜渊解下随身携带的饮瓢，抬腿刚要下山，忽听背后有人放声大笑：“哈哈哈哈……”颜渊愣住了，孔夫子更觉奇怪。转脸一看，嘿！只见一个老渔民，左手提着鱼网，右手拿着鱼叉，肩后背着鱼篓，腰间系着葫芦，面孔黝黑，身材魁伟，精神抖擞，冲着孔夫子和颜渊直笑。孔夫子问道：“老兄弟，你笑什么呀？”老渔民说：“你们几位是外乡人吧？要知海中事，须问打渔人，可不能冒失呀！那海水，又咸，又腥，又涩，又苦，不能喝，一喝就会闹肚子！”说罢，他从腰间解下盛水的葫芦，说里面是玉带河的淡水，递给孔夫子解渴。孔夫子又惭愧，又感激，捧起小葫芦喝了几口，感到心里凉爽痛快，正要向老渔民道谢，天空中忽然电闪雷鸣，狂风暴雨陡地扑了过来。子路大声叫喊：“糟了糟了，到哪儿躲雨啊？”老渔民说：“莫慌，跟我来！”说着，把孔夫子和他的门生领进一个山洞。这山洞面对着大海，是老渔民藏鱼落脚的地方。孔夫子觉得洞里有点儿闷热，便走到洞口，观赏雨中的海景，看着看着，诗兴大发，不由地吟诵起来："风吹海水千层浪，雨打沙滩万点坑。"老渔民听了这两句诗，忙道："先生，你说的不对呀！"孔夫子问："怎么不对呢？"老渔民说："'千层浪''万点坑'，皆不妥当。难道海浪整头整脑只有千层，沙坑不多不少正好万点？先生你数过吗？"孔夫子以为老渔民是在故意抬杠，心里很不高兴，便问道："既然不妥当，怎么才合适呢？"老渔民不慌不忙地说："我生在水边，长在海上，时常唱些渔歌。歌也罢，诗也罢，虽说不必真鱼真虾，字字实在，可也得合情合理，句句传神。依我看，你那两句应当改改。"孔夫子没想到渔民也懂诗理，有心听听高见，急忙问道："老兄弟，你看怎么改呢？"老渔民说："最好改成这样：'风吹海水层层浪，雨打沙滩点点坑。'浪层层，坑点点，数也数不清，这才合乎情理，对不？"孔夫子一听，心服口服，真想称赞几句，不料子路在一旁来了火，冲着老渔民说："哎哎，圣人做诗，怎能乱改？你懂什么！"这话太呛人了！老渔民厉声问道："谁是圣人？"子路指着孔夫子说："远在天边，近在眼前。这就是孔夫子圣人！"孔夫子喝道："子路！不可傲慢！休得无礼！"老渔民拍着子路的肩膀道："小伙子，对圣人，吾敬佩，可你也不能拿'圣人'吓唬人呀！圣人有圣人的见识，可也不见得样样皆比别人高明。比方说，这鱼怎么打法，你们会吗？"一句话，把子路问了个倒憋气。他想说会，可自已确实没有打过鱼；说不会，又怕丢了面子。想了想，便把胸脯一挺，说："打鱼谁不会，拿根鱼棍，往水里狠狠地打就是了！""哈哈哈哈……"老渔民笑得前仰后合，说了声："请看！"飞身奔下山去，跳上渔船，撒开鱼网挥舞鱼叉，表演起打鱼的招数来。

孔夫子看着老渔民熟练的打鱼动作，想着老渔民谈海水、改诗句、议"圣人"、责子路的情形，猛然间发觉自己的言论出了个大岔子，于是把门生招拢在一起，严肃地说道："为师以前对你们讲过'生而知之'，这话错啦！大家要记住：知之为知之，不知为不知，是知也！”说罢，顺口吟出小诗一首：“登山望沧海，茅塞豁然开。圣贤若有错，即改莫徘徊！”因为有这个传说，加上人们尊孔崇圣，所以朐阳山就改叫“孔望山”了。

龙洞庵

龙洞庵

龙洞庵位于孔望山东侧半山腰处，小院清幽，距今已有1400余年，是连云港市最古老的庙宇之一。此庵最早建于东汉，当时叫“东海庙”。北齐武平年间建成龙王庙，唐代重建成龙兴寺，明代隆庆以后重建时，因旁有龙洞，故改名“龙洞庵”。1980年，国家拨专款重新修葺，使这千年古刹恢复了明代建筑风格。

从山脚至圆洞形山门，有石级可登，爬上陡峭的石阶，便可见到山门，门上横匾书“龙洞庵”三字。进入山门，寺内供有四大天王。据佛经讲，四大天王的任务是各执一方世界，即东胜神洲、南赡部洲、西牛贺洲和北俱芦洲。因此，四大天王又称“护世四天王”。

山门至大殿间有一座宽敞的庭院，殿前有两棵千年古树。东边这棵叫“琉苏”，俗称“糯米茶”。花期时节，芳香四溢。春天采其嫩叶，阴干后以水泡饮，清香扑鼻，风味独特。西边这棵是古柏树，现仍苍翠浓郁。

大殿建于2米多高的台基之上，殿宽10米，进深7米，殿前有广阔的月台，左右有厢房，颇幽静淡雅。大殿正中供奉释迦牟尼和他的两个弟子阿难和伽叶。大殿两侧供奉的是十八罗汉。十八罗汉来自十六罗汉，他们是释迦牟尼的十六个弟子。

庵中至今供奉着在此圆寂的能空法师的舍利子照片，成为庵中久负盛名的镇庵之宝。

活动探究

1. 查阅资料，了解孔望山。
2. 实地游览，写一篇游记。

第六节

羽山殛鲧千古恨

羽山位于江苏东海与山东临沭县交界处。海拔269.5米，东西长约3000米，南北宽1500米，是东海县的最高峰。《禹贡·曾氏注》曰：“羽山之谷雉具五色，因以羽名，下有禹渊。”《尚书》载：“殛鲧于羽山。”此山有“殛鲧泉”“三劈石”“黄熊石”等传说中的古迹。羽山背倚齐鲁，襟怀吴楚，是一座名垂青史的千古名山。

民间传说

羽山，是我国东部最早标有地名的地方。据传，史前处于大海之中，隋唐时期临近海边。唐朝崔辅国曾有诗为证：“羽山一点青，海岸杂花碎。日暮千里帆，楚色有微霭。”说起羽山，古来有四个名字。一叫“羽山”，说是少昊曾在此建鸟国，百鸟晒羽；二叫“禹山”，据传此山为禹王诞生地；三是传说中秦始皇拖着赶山鞭把它赶下大海后，它又跑回原地，秦始皇说它“迂”，就叫“迂山”；四是老百姓看它从海里带来了一堆淤泥，又叫“淤山”。

老辈人讲，羽山早先有座鲧王庙，供的是鲧的神像。古书中说鲧是大禹王的父亲，是“四凶”之一。其实呢，鲧原来是个渔民，这“鲧”字是鱼字旁加个系字，系就是钓鱼的绳子，所以说他是个钓鱼的渔夫。尧、舜时候，天下发了22年的洪水，到处是汪洋，老百姓受了不少水罪。俗话说，靠河识水性，鲧是逮鱼的，他看黎民百姓都要被水坑害死了，就自告奋勇去治水。他治水日夜不息，有了些效果。这事让舜帝知道了，认为他是贤人，就命他为天下治水总管。鲧南跑北奔，到处打埝筑堤，一天没闲过。哪知洪水越发越大，鲧筑的那些堤埝都被大水冲倒了，下游的人淹死了不少。天帝听说鲧偷了息壤，却治水无功，很是恼怒，大骂鲧凶顽无能，一气之下，就派祝融来殛鲧，就是杀他。鲧这时治水已到羽山。祝融是火神，赶到羽山时，看鲧正在埋埝，不容分说，捉住并捆了他。鲧眼望洪波，两泪滔滔，暗恨自己9年大业未成，实在对不起百姓。祝融抽出剑来，想先寻个物件祭祭宝剑。四周一瞅，满山荒凉，全是石头。他无可奈何地拔剑朝一块巨石上砍去，“嚯嚯嚯”3道寒光，就听“嘎叭叭”3声响亮，这块石头齐崭崭裂开3道缝。祝融把鲧杀了，鲧的热血滴在山头上，不多时便渗出一汪泉水。这泉水清滟滟的，一年到头流淌不断，闻着有股血腥气，牛羊都不肯饮。后人称之为“殛鲧泉”。

鲧的尸首在羽山躺了3年都没烂。天帝知道这事后，又命令天神拿把“吴刀”来剖他肚子。天神将宝刀朝鲧的肚子上一劈，“呼啦”从鲧的肚子里跳出条虬龙，这条虬龙就是后来的大禹。

羽山

大禹继承父亲鲧的遗志，治洪水13年，三过家门而不入，功劳很大。后人便在这半山腰建造了鲧王庙和禹王庙，常年香火不断。

传说鲧生了大禹以后化成一只三脚鳖，跳进“禹渊”里去了，从此没了消息。鲧治水的一颗热心未泯，就化作一股热水，长年不断往外流，便成了羽山温泉。

至今，羽山留有三劈石、殛鲧泉、禹渊、祝融晾汗石、鲧王庙和禹王庙等遗址，当地百姓还保持着不吃鳖的习俗。

（朱守和、徐福松搜集整理）

羽山温泉

羽山位于东海县城西北部，山顶原有一口殛鲧泉，有面盆大小，常年不涸。古书上说鲧死后变成三条腿的鳖，住在这个泉中，所以每遇阴雨天气，泉水便腥不可闻。羽山上还有三缝石，高约10米，石上有3道整齐的劈缝，传说是舜杀鲧时试剑的痕迹。

如今，在东海县西北部有一处温泉，因临近羽山，被称为“羽山温泉”。它是连云港市新近开发的旅游温泉。该温泉发现于唐代，早见于史籍记载。这说明人们早在1000多年前就开始对它进行开发、利用了。那时的温泉只是两个小水洼，灼热的地下水不断涌出地面，漫野而流，人们称之为“汤泉”。1972年，人们在这儿打出了一眼自流井，井深500多米，水温高达82℃，每天喷流900余吨。

目前，东海温泉已开发成疗养胜地。国内外游客在饱览连云港的海光山色、名胜古迹之后，驱车前往，洗尘濯足，是一件惬意美事。据有关单位化验，羽山温泉水属于钠钙型水，富含钠、钙、镁、锌等元素，有重要的医疗价值，对关节炎、高血压和多种皮肤病有明显疗效。羽山泉水透明清澈、滑润爽肌，没有一般温泉那股难闻的硫磺味，洗浴时也无需用肥皂，水质可与西安华清池、南京汤山温泉相媲美。人们浴后再喝上一杯略带咸味的温泉水，不仅增进食欲，还可以治疗肠胃疾病。

活动探究

1．查阅资料，了解羽山。

2．游览羽山，写一篇游记。

第七节

花果山摩崖题刻群

著名风景区花果山是摩崖题刻比较密集的地区。花果山自古以来就是宗教名胜之地，每年正月十五是天官祭祀日，“香火两万家”。隋唐以来，墨客骚人，游履遍至，吟咏题刻，遍布山间。其题刻集中于郁林观、水帘洞、照海亭等几处游人最密集的地区。在郁林观遗址，“飞泉”左右，巨石上，岩壁间，珍贵石刻有数十处之多。有隶有篆，有楷有行，多为唐宋明清诸代名刻，也有现代著名学者叶圣陶先生的“唐隶宋篆”题刻。流派纷呈，书体各异，互相映衬，石壁生辉。这里素有连云港市“小碑林”之称。

文学品鉴

碑铭唐宋我寻句，笔走龙蛇天赐年。

——史可风

东磊石涛，画图难足，似雕痕乍拓；
郁林峭壁，隶篆琳琅，犹墨彩初干。

——彭耕

东海郁林观东岩题壁

祖无择

起惊涛，放溟渤。披宿莽，履崛岉。
憩磐石，解簪黻。挹飞泉，醒心骨。
挥高论，谢俗物。思古人，自终日。
足饮酣，清思逸。即绝壁，试奇笔。
千万年，苍苔没。后有人，为吾拂。

摩崖题刻

在唐代摩崖题刻中，保存既完整、书艺又精美的当数花果山的《郁林观东岩壁纪》，虽历经千余年，风韵犹存，绝壁生辉。

唐隶，即《东海县郁林观东岩壁纪》摩崖题刻，位于花果山景区隋代郁林观遗址“飞泉”东侧的崖壁上。刻石面南，净面高2.1米、宽5米，由右向左竖刻，首行篆书题名，正文连同落款计24行，每行17字，字径0.18米，全文共392字。《东海县郁林观东岩壁纪》刻于唐开元七年（719年），它既是一篇纪实性的优美散文，生动地描述了云台山的自然景观“雾夕与碧海同深，霞朝将赤城争峻”“悬流

摩崖题刻

喷水，藏宿雨而时来，卧石埋云，触摇风而不散。历时花木，红紫无名”，同时也表现出作者出尘遁世，寻求“紫翠之房”“洗我尘虑”，脱离现实的思想。

在《东海县郁林观东岩壁纪》刻石对面平整的“廉石”上有一块宋代《祖无择三言诗刻》，与唐代《东海县郁林观东岩壁纪》互映生辉，二者堪称花果山摩崖题刻中的“双璧”。三言诗刻位于唐隶石刻的斜对面，刻于“廉石”的北立面上。诗刻高约5米、宽约6米，小篆字体，字径0.27米，正文14行，每行7字，最后一行5字，共95字。前3行21字是撰文、书篆、镌刻者的籍贯、姓名、字号，后11行74字是三言诗正文，记述了祖无择、苏唐卿、王君章三人畅游云台山的感受，最后是21字的落款，分2行，总计126字。诗刻的时间为北宋庆历甲申年（1044年），距今已有970年。三言诗刻为祖无择撰文，苏唐卿书篆，王君章镌刻，各取三人文、笔、刀之长，史称“三绝名碑”。清代吴玉搢广收古今墨拓，将三言诗刻编入古今篆刻之次，载于《金石存》，明、清两代皆收入地方志书。新中国成立后，北京中国书法研究社编印的《各种书体源流浅说》里，在介绍宋人小篆时，特别推崇此三言诗刻。2002年，三言诗刻与唐隶合并列为省级文物保护单位。

据不完全统计，连云港地区现存碑刻实物约1200余件。这些碑刻实物，除部分作为市、县各博物馆藏品外，绝大多数分布于连云港市所辖四县（灌云、东海、赣榆、灌南）各风景区、宗教寺（观）等处。连云港地区现存碑刻从形式上分，有碑、墓志、石碑坊、石门额、岩画，造像、界石、井栏、神道及大量的摩崖石刻等；从内容上分，主要有社会科学和自然科学两大类，前者主要指反映政治、经济、宗教、军事、教育、文学、艺术、对外文化交流等方面内容的碑刻，后者则指反映天文、水利、农业、盐业等方面内容的碑刻。

花果山“神”字

位于多宝佛塔的东南向，在大石崖上有一个很大的“神”字，叫作“神字王”。字长39.4米、宽15.8米、深0.6米，是世界上最大的单体汉字摩崖石刻，1996年入选吉尼斯世界纪录。“神”字王可远眺也可近观。远眺能完整欣赏怀素草书的神韵，潇洒飘逸，气势磅礴。特别是崖头方方正正，石骨裸露，而四面又绿树成荫，整齐划一，就好像将一张宣纸铺在毛茸茸的绿色地毯上一般，朱红色的大字分外显眼；如到近处，行走在笔划中间，就会感到一横像一条沟，一点占一间屋那么大，便觉自己成了小人国里的人物，摄影留念，别有奇趣。

花果山的一草一木，都因为一部《西游记》而充满神韵，从怪石园东部唐僧崖向南有一条石板路，通往眺望“神”字王的最佳方位——观神台，路旁边的崖壁上有若干名家书写的字体不一、大小各异、风韵不同的“神”字摩崖石刻，一路“神”味十足，叫作“神路”。

活动探究

1. 搜集连云港摩崖石刻，与同学们交流并赏析。
2. 游览花果山“神”字，写一篇游记散文。

第三章 抗日烽烟

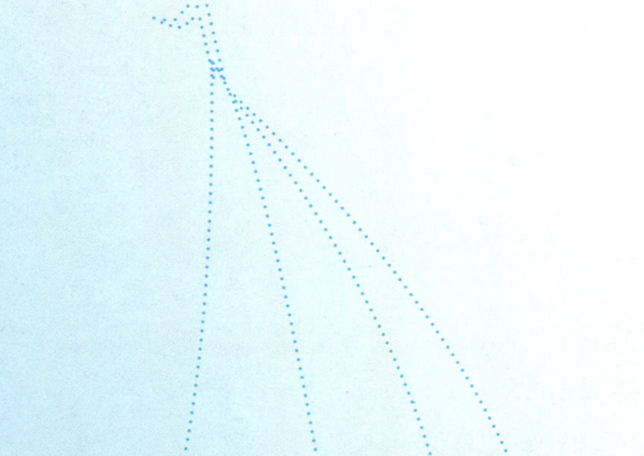

第一节

赣榆抗日山烈士陵园

中国最早的抗日烈士陵园——连云港市赣榆抗日山，原名“马鞍山”，在夹山乡境内。1944年7月，八路军115师教导二旅于此建成抗日阵亡将士纪念陵园后，改名为“抗日山”。1982年3月，抗日山成为江苏省第三批文物保护单位，1989年8月成为第二批全国重点烈士纪念建筑物保护单位。园内有小沙东海战殉难烈士墓、国际共产主义战士希伯纪念碑、八路军115师教导二旅政委符竹庭烈士墓、抗日烈士纪念塔等，并有朱德、罗荣桓、陈士榘等将帅的题刻。

文学品鉴

登赣榆抗日山感怀

左如桂

当年血战小沙东，卫国忠魂气贯虹。
今日春风吹大地，应时化雨润寰中。
炎黄四化腾飞业，先烈千秋不朽功。
松柏有情情切切，清歌一曲颂英雄。

抗日山风景区

抗日山风景区占地面积24万平方米，共分8个坡段、363级台阶。抗日山前建成第二停车场和荷花池、水榭、曲桥；山东麓建有公仆陵园和抗日浮雕墙。

革命烈士纪念馆位于陵园的第二坡段，座西朝东，1973年11月建成，建筑面积为795平方米，2001年续建450平方米。门额由著名书法家武中奇题写。馆内藏文物65件、书画150件、重要文物复制品52件，其中有毛泽东、周恩来、陈毅等领导人与国际友人汉斯·希伯的合影，罗荣桓、徐向前、宋任穷、肖华、谷牧、陈士榘、刘西元与符竹庭的合影，彭雄、田守尧、朱爱周等烈士的遗像，杨得志、唐亮、王六生、刘西元、周贯五、梁兴初、李执中、刘白涛、华诚一等领导人的题诗、词、挽联。

小沙东海战烈士冢座落在陵园的第三坡段，是一座园形石砌公墓，直径10米。墓南为三联式长碑，上有瓦屋脊状碑帽。中碑碑堂高3.1米、宽0.75米，两侧碑碑堂皆高2.1米、宽0.7米。中碑南面题“小沙东海战烈士冢”，东碑为新四军军长陈毅的题词“浩气长存”，西碑为滨海军区司令员陈士榘的题词“英灵千秋”，碑阴为滨海军区政治部撰写。

汉斯·希伯纪念碑与金野博纪念碑同在陵园的第四坡段，希伯纪念碑在东，金野博纪念碑在西。汉斯·希伯纪念碑为一子弹形建筑，用花岗石雕制，系山东军区司令部、政治部所立。碑南刻“国际友人希伯同志纪念碑”，北面刻罗荣桓、黎玉、肖华所题挽词“为国际主义奔走欧亚，为抗击日寇血染沂蒙”。碑左另立一卧碑，用雪花白大理石制成，碑文为希伯生平。

金野博纪念碑为一手榴弹形建筑，用花岗石雕制，为赣榆县人民政府1991年4

金野博纪念碑

月1日立，碑刻“日本国友人金野博同志纪念碑”，碑右另立一雪花白大理石卧碑，碑文为金野博同志生平。

符竹庭墓在抗日山烈士陵园的第五坡段，为六角亭式建筑，由灰色花岗石砌成。墓的南面镶着符竹庭的铜像，符竹庭墓由工程师熔炼30余千克子弹壳铸成。符竹庭墓1947年2月被国民党军队用机枪打坏，1955年重铸。墓的东面是山东军区副政委黎玉、司令员罗荣桓、政治部主任肖华所题挽词；西面是中共滨海区委员会所撰悼文；北面是滨海军区司令部、政治部所撰墓志铭；西北面是滨海专署专员谢辉、滨海区参议会参议长高赞非所撰挽词；东南面是《赣榆战役经过》，未署撰者名讳，应为滨海军区政治部撰写。

抗日烈士纪念塔在马鞍山顶峰，座落在露出地表的基岩上，1942年7月7日落成。纪念塔为正四面体，边长1.45米，高14米，用当地产的优质花岗岩砌成。塔顶为地球造型，地球造型上为八路军戎装像，一手执旗，一手持枪，面向东南方。八路军像原由石膏塑成，1964年改为铸铁像，高2.8米，重2.7吨，由赣榆县农业机械厂铸造。抗日烈士纪念塔南面为塔铭“抗日烈士纪念塔”。北面为《抗日烈士纪念塔序文》，东、西两面为《烈士英名录》，均由著名军人书法家武中奇书写。

抗日烈士纪念堂在纪念塔南，位于抗日山烈士陵园的第七坡段，1943年7月7日落成。纪念堂为延安窑洞式建筑，共5间，总面积为130平方米。其间陈列17幅油画，描绘滨海军区政委符竹庭和新四军3师参谋长彭雄、8旅旅长田守尧的英雄事绩。纪念堂的走廊东西两端各有一长碑，上为《烈士英名录》。

纪念堂的庭院正中立一刺刀形纪念塔，用花岗岩建造。塔南面的铭文为“烈士英名垂千古”，西面是《烈士英名录》，北面为第十八集团军总司令朱德所作《抗战五周年挽八路军阵亡将士》诗，东面为《抗日烈士纪念塔续序》。

缅怀先烈

符竹庭墓

符竹庭（1912－1943年），江西省广昌县人。他1927年加入共青团，1928年参加红军并成为中共党员。

1929年后，符竹庭历任中央红军独立二团大队政委、红三军第七师特务团政委、七师二十一团政委、八路军一一五师三四三旅六八六团政治处主任等职，参加过举世闻名的长征和平型关大战。

1939年秋，符竹庭率部转入鲁西，与杨勇、肖华一起创建鲁西抗日根据地。1940年秋，符竹庭率部转入鲁南，任一一五师教导三旅政治部主任；年底，调任一一五师教导二旅政治委员，兼鲁南区党委书记。1941年春，符竹庭率教导二旅进入山东滨海地区；3月，率教导二旅及山东纵队二旅一部成功地发动了青口奔袭战，建立了滨海抗日根据地。1943年1月，符竹庭与曾国华率教导二旅攻克日寇在鲁南的重要据点郯城，彻底粉碎了日寇对我滨海区的扫荡。1943年4月，符竹庭任滨海军区政委、滨海区党委书记。1942年11月19日，在罗荣桓同志领导下，符竹庭与陈士榘率部攻克赣榆县城，获赣榆战斗大捷。

攻克赣榆城后，我军区机关转移到赣榆县西北部山区，符竹庭于1943年11月26日晨在马旦头村南遭到的敌人伏击偷袭，壮烈牺牲，年仅31岁。符竹庭牺牲后，遗体安葬于赣榆县抗日山烈士陵园。为纪念符竹庭，1945至1950年之间，赣榆县曾改名“竹庭县”。

活动探究

1. 到抗日山实地考察，缅怀革命先烈。
2. 写一篇抗日山感怀。

第二节

花果山抗日义僧亭

义僧亭在花果山三元宫附近，为纪念云台山的抗日僧众兴建。1938年夏天，三元宫惨遭日寇残酷轰炸后，寺僧们联络山民共20余人奋起自卫，多次成功地伏击了搜山的日寇。1939年农历七月十四日早晨，日寇集中300余人，兵分四路围剿三元宫及所属寺庙，戳死仁芳法师，绑走德选等4位法师和6位山民，除放走一位山民外，其余全部活埋。几天后，日寇再次前来搜山，把三元宫及所属的玉皇宫、九龙庙、屏竹社等13处庙宇全部放火焚烧，使这座知名的庞大庙宇群化为一片瓦砾。为了纪念云台山的抗日僧众，教育后代勿忘国耻，连云港人民在三元宫附近兴建了义僧亭，亭中碑石上镌有彭云撰文、周庚如书写的《云台山僧众抗日纪念碑记》。

文学品鉴

水调歌头·云台怀古

卜星光

自古云台丽，青岫涌风烟。
三元宋宫胜地，夕照壮坤乾。

一代豪情光焰，化做松霞苍藓，倚海看云天。
伫立平倭处，颓壁共荒岩。
忆往昔，护国寺，众僧坚。
同仇敌忾卫国，神圣血躯捐。
今日阳光明媚，岚彩生辉相映，千古碧峰巅。
回首乘车去，云海与天连。

英勇的和尚们

暮云追雪

“日出嵩山坳，晨钟惊飞鸟……冬去春来十六载，黄花正年少，腰身壮，胆气豪，常练武勤操劳，耕田放牧打豺狼，风雨一肩挑……”这美妙的乐曲音犹在耳。20世纪80年代，电影《少林寺》风靡一时，《牧羊曲》唱遍大江南北。那时我还在念初中，看完电影以后，像大多数少年学子一样，我简直有点如痴如醉，一度激起了练好功夫、除暴安良的人生理想。很多同学对少林寺觉远和尚们身怀绝技、抗暴助义的情节佩服得五体投地，纷纷效而仿之，于学习的闲暇起早贪黑地练功、打沙包，个别人甚至想要投奔少林习武。

“十三棍僧救秦王”的故事是实有其历史依据的，有少林寺钟楼前《皇帝嵩岳少林寺碑》（俗称《李世民碑》）为证。但电影不可避免地有了不少演义和生发的成分，添加了爱恨情仇、剑影刀光等佐料，也使情节更加曲折离奇。也许这正是艺术创作的需要吧，不然，也就不可能造就出李连杰这样的一代武术巨星了，也不会使“十三棍僧救秦王”的故事家喻户晓

义僧亭

了。当然，后来我们这类人大部分都没有练成什么功夫，但是毕竟对和尚们的英勇壮举留下了深刻的印象。

佛教本是和平的宗教，佛教徒也是和平的使者。化干戈为玉帛，化戾气为祥和，是佛陀本怀的体现。我国的佛教徒历来就有爱国爱教的良好传统。但是在国破家亡的多事之秋，国家分崩离析，人民流离失所，连众生的生命都没有保障，佛教徒们又怎么去普度众生呢？于是，我们的眼前就不时浮现出一幕幕和尚们上阵杀敌的英勇悲歌，我们的耳畔也一遍遍地回响起和尚们杀贼救国的铿锵话语。

特别是抗日战争的八年时间里，在战火纷飞的战场上，在枪林弹雨之中，到处都有出家人保家卫国、舍命捐躯的身影，其可歌可泣的感人事迹层出不穷。五台山成立了“和尚连”，长沙佛教徒组建了“志愿抗敌团”，投入抗战前线，很多地方也都成立了僧侣救护队。江苏龙池山僧恒海组织抗日游击队，自任队长，队员千余，成为著名的抗日和尚司令。1939年9月，圆瑛大师因积极响应抗日，被日本宪兵投进监狱，致书中国佛学院师生：“国家兴亡，匹夫有责。佛教兴衰，教徒有责。”弘一法师提出“念佛不忘救国，救国必须念佛”的理念，南岳佛教徒高呼“上马杀贼，下马念佛”。这些爱国僧人的民族气节真是令人钦佩，以至于当时许多人在报纸上疾呼国民“向和尚学习”。

曾在央视热播的电视剧《八路军》中，有一个智能和尚参军杀敌的故事。智能原已出家五台山，在佛国净界一心修度，日本鬼子烧杀掠抢、无恶不作，激怒了这位年轻的和尚。他参加八路军后，手刃10余个鬼子，一时传为佳话。另一部热播电视剧《亮剑》中，也描写了一位武功高强的和尚魏大勇抗日杀敌的精彩故事。时势造英雄，和尚也能成为抗日英雄。和尚们抗日的事迹一经文艺作品渲染和演绎，总是那样令人心潮膨湃、荡气回肠。

让我们再把视角切换到花果山三元宫旁、义僧亭前。20世纪30年代，这里也曾演出过一幕和尚抗日的壮烈悲歌。1938年5月，花果山三元宫遭日军飞机轰炸，寺僧们对日寇的暴行义愤填膺，喊出“出家人出家不出国，誓令日寇入阿鼻地狱”的壮烈口号。他们联络山民20余人奋起自卫，多次成功地伏击了搜山日寇。1939年农历七月十四日晨，日寇集中300余人施行报复，分四路围剿三元宫及所属寺庙。日军丧心病狂，戳死仁芳法师，绑走德选等4位法师和6位山民，除放走1位山民外，其余全部活埋。几天后，日寇再次搜山，把三元宫及所属的玉皇宫、九龙庙、屏竹社等13处庙宇全部放火焚烧，无数佛家珍宝毁于一旦。事隔50余年后，连云港市人民政府在三元宫附近专门兴建了义僧亭，以纪念花果山的这些抗日僧众，教育后人勿忘国耻。

客观地说，花果山僧众的抗日事迹似乎有些平淡如水、简单无奇，没有刀光剑影，没有画角悲鸣，更没有美女爱情，平实得有些让人难以置信，也许确还有进一步搜集挖掘的必要。但是如你所知，我们所知道的神话又有多少不是凭后人的想象演绎生发的呢？我想这才是没有罩上神秘炫目光环的本质生活，这才是真实可信的英勇的和尚们的本来面目。艺术当然需要源于生活，高于生活，神奇美丽的花果山上曾经发生过的和尚抗日的一幕，不正是一个极好的演义素材吗？我坚信，有一天我一定不会吝啬我的“生花妙笔”，也来演绎出一部荡气回肠、扣人心弦的和尚抗日的新神话！

活动探究

1. 到义僧亭实地考察，缅怀抗日僧人。
2. 写一篇关于义僧亭的文章。

第三节

淮北盐场抗日复仇记

淮北盐业史料记载中，1939年至1945年是淮北盐场最血腥、最黑暗的年代。6年间，侵华日军通过连云港码头运往本土的淮盐达56167吨，平均每年劫夺9361吨。由于日本侵略者变本加厉地掠夺，盐利尽失，引滞岸悬，垣商无力偿付灶民的基本口粮，致使“男方呻吟女又啼”“十户九家叹漂泊”。更让广大盐民憎恨的是，鬼子兵奸淫烧杀，敲诈勒索，欺压百姓，无恶不作。

在日寇侵占淮北盐场期间，盐民们的反抗斗争一刻没有停息过，请愿、抗议、抗税、闹店、罢工、除奸，甚至干掉恶大罪极的鬼子兵，彰显出中华儿女抗御外侮的坚定信念和威武不屈的民族气节。有些盐民则利用其特殊身份，为武工队提供情报，配合八路军、新四军的抗日活动；有些盐民还走出盐场，直接投身于抗日武装斗争的洪流中。

抗日故事

日机轰炸淮北盐场的暴行激起社会各界爱国人士的强烈愤慨，人们推举以吴修五为首的名士们到板浦稽核分所协理公馆向日本协理加藤谦一表达淮北人民反对日本侵略的严正立场。在和加藤谦一的交涉中，吴修五激愤满腔，义正辞严，斗得加藤谦一狼狈不堪。

日本侵略者大肆掠夺淮盐，造成沦陷区人民长期饱受淡食之苦。盐场和周边地区民众不堪日寇压榨，大规模抢劫盐坨事件时有发生，仅海州地区自1939年7月至1940年11月，发生抢盐事件56起，共夺走淮盐6100吨。

1939年春，一群日军龟缩在猴嘴盐坨的炮楼里。屠二是日本小队长的勤务兵，20来岁，别看年纪轻，却一肚子坏水，看到哪个不顺眼，就拳脚相加；看到哪家姑娘漂亮，就鬼头贼脑地向太君“报喜”。被日军抓来挑水弄饭的小伙子张义路，仗着自个儿个头高，膀阔腰圆，平日里没给过屠二好脸色，因此屠二对张伙夫时常摆威风，有因无因扇他几个耳光，破口大骂更是家常饭。张伙夫对这为虎作伥的汉奸极其痛恨。这年盛夏大热天里，张伙夫将屠二诱至山涧边，送他见了阎王。

驻板浦场（今台北场）的日本队长奈海经常带领鬼子兵和伪盐警到盐圩去“扫荡”，抓捕“毛猴子”（意为“土匪”）。一次，他们抓住盐民詹景顺、姚小铁，诬陷他俩是“毛猴子”，把二人打得死去活来。二人后来托伪保长说话，每人交纳150千克玉米，才被放回来。盐民们对奈海一伙强盗恨之入骨，青年盐民小四赵、叶绍壮合计除掉奈海。经观察，奈海每隔一两天便独自骑车前往程圩营房。这一天，小四赵、叶绍壮在路边草荡里装作拾草的样子，等奈海的车子骑到草荡附近时，一个箭步猛冲上去把车撞倒，奈海摔个狗啃地，小四赵、叶绍壮像捆猪一样，把奈海绑个结实，拖至荒凉之地活埋了。

1942年初，又有一名叫大能的日军队长被盐民孙广胜暗杀于沟边。

驻大浦镇的日军曹长长武久夫瞧见小肉铺刘二的媳妇长得俊俏，便动了淫心，大白天就把刘二媳妇强行往屋里拖。刘二进屋见此情景，埋在心底已久的愤怒烈焰瞬间爆发。刘二原是当地晒盐的灶民，日寇侵占大浦后，他亲眼目睹了长武久夫一伙鬼子的凶残。有一次，盐坨工人张小三到码头做工，没有向他鞠躬，惨死于他的刺刀之下；还有一次，灶民孙如亮借别人一辆自行车上新浦，回来晚了些，便被他当活靶子打死……刘二常骂日本鬼子没人性，便被垣商开除了，没办法，只好在镇上杀猪谋生。没想到长武久夫欺负到家里来了，刘二越想越窝火，拔出杀猪刀捅了过去，紧接着将尸体掩埋在猪圈里，小俩口趁着黑沉沉的夜色，逃往他乡。

墟沟办防

光绪二十年（1894年），清政府的统治是内忧外患、风雨飘摇。日本作为后起的帝国主义国家，急欲参加到瓜分中国的狂潮之中，于是年8月1日挑起中日甲午战争。战事一起，清军节节败退。11月22日，北洋第一海防要塞旅顺失陷，清政府急调两江总督刘坤一为钦差大臣驻守山海关，又调湖广总督张之洞来江苏替任刘坤一的两江总督之职。张之洞到任后，深感江苏地处海防前线，需选上将防守，便把目光落到了抗法名将冯子材身上。他向朝廷奏请，调冯子材率军北援，驻守江防重镇、南京门户镇江。

冯子材（1818－1903年）是中国近代史上赫赫有名的“老黄忠”式的英雄人物。他是广东钦州人，行伍山身，早年曾参与镇压太平军，同治元年（1861年）被提升为广西提督。他曾三次应越南政府约请出关抗法，1875年授贵州提督，1882年退职。1884年法国侵略军进犯滇桂边境时，他以广东高雷钦廉四府团练督办身份参加抗战。次年二月任广西关外军务帮办时，他已年近七十，在当地人民支持下，他率军在镇南关、谅山大败法军。

光绪二十一年（1895年）1月19日，日军在山东成山头登陆，英帝国主义害怕日本进一步向其势力范围江苏扩张，遂派两艘军舰到海州沿海的东西连岛游弋，并在连岛的双峰山顶插两面米字旗，向日本宣示其存在。事件发生后，地方迅速报镇（西路镇镇所设在墟沟），镇报州，州报省。张之洞闻听此事，立即派冯子材前往墟沟办防。

是年春，冯子材率军来到墟沟，整顿海防，虽年高七十七而威风不减，勇健如前。据《大公报》的《陇海东段视察记》载：

“冯子材就明季防倭炮台装配大炮，计西墅一台，置土炮三尊；孙家山二台，置炮五尊；黄石嘴一台，置炮三尊。同时屯驻海防勇营甚多，计驻扎孙家山、棺材山、大栋头等处共五营。又于大村驻五营，三十里之太平埝驻一旗，墟沟南五十里之大伊山驻八营，为正式军队。于墟沟募编民团一千名，西墅募民团三百名，均负陆地防务。其水上防务则归外洋水师，设水师把总一员、外委一员，驻东西连岛上；内洋水师设把总一员、外委一员，驻墟沟，领江船一号，绿营兵一百一十名。此即当时办防之情形也。”冯子材到墟沟，于设防的同时，派兵去东西连岛拔掉英帝国主义的旗子，英舰见海州沿海海防坚固，便悄悄遁去。他年事虽高，但办防毫不懈怠，带领二十五营兵马从南城北

冯子材像

门外一路布防到墟沟，经常于潮涨潮落时，亲自带人乘舟下海测量水位，谋划攻守战备，并到宿城虎口岭察看地形。

冯子材在墟沟办防期间与西路镇镇董邵子升相交甚好，他到墟沟先住在地藏庵，几天后，移住邵子升家的客房东堂屋。一个多月后，因防务需要，他移住北崮山玉皇宫。海州九十九里五十四镇的镇董为表示对冯子材护国之功的尊敬，咸聚墟沟，拜见冯子材，并送万民伞。4月17日，丧权辱国的《中日马关条约》签定，不久，冯子材回到广西。老将冯子材的一腔热血竟然派不上用场，说明行将就木的清王朝是任何人也挽救不了的。

活动探究

1. 查阅资料，走访革命老人，了解连云港抗日故事。
2. 在班级举办抗日故事会。

第四节

云台山抗日题刻群

在云台群山的摩崖题刻中有一种具有特殊历史意义的题刻，那就是分散在各处的抗日摩崖题刻。它虽散处各山，却出自同一时期，展示了中国人的铮铮铁骨和抗击外倭的民族精神。将这些石刻按时间顺序缀联在一起，就是一部抗日战争中的连云港保卫战史。云台山抗日题刻群于2002年被列为省级文物保护单位。

文学品鉴

连云港保卫战70年抗日石刻留青史

1937年7月7日，日本悍然发动“卢沟桥事变”，挑起对中国的全面侵略战争。1938年5月31日，徐州失守，日寇板垣师团又从海上进攻连云港，两面夹攻，企图在短时间内打通连云港陇海线。国民党游击第8军与从西北战场上调来的原张学良东北军第57军667、668两个团配合，扼守疆土。他们在这里浴血奋战，多次给予日军以沉重打击，取得了丫髻山阻击战、孙家山肉搏战、墟沟与海头湾反击战、大桅尖争夺战的胜利，保卫了连云港。

云台山抗日石刻群碑

连云港保卫战激烈而又残酷，直到8月21日大桅尖失守，而后日寇又调集大批军队从南、北、西3个方向向连云港逼近，在众寡悬殊又被包围的情况下，第8军西撤，连云港失守。1939年3月初，连云港地区城镇全部沦陷，667团到日照参加革命，改编为八路军的一个旅，667团团长、中共特别党员万毅任旅长。

在此期间，保卫连云港的将士们在云台山上刻下了自己的抗日豪言。那些悲壮的诗句表达出他们英勇抗敌的决心，真实记载了在连云港大地上发生的惊天地、泣鬼神的抗战的事迹。

云台山抗日石刻位于云台山系各处山体，至目前已查明的共有7处，虽分散于各山，却是同一时期的石刻，展现了中国人的铮铮铁骨和抗击外敌的民族精神。将这些石刻按时间顺序联系在一起，就是一部抗日战争中的连云港保卫战史，具有特殊的历史意义。

云台山抗日石刻群于2002年被江苏省政府公布为省级文物保护单位。反映这段抗战斗争史的7处石刻分别是：

一、宿城万寿山抗日题刻

1．“殷忧启圣，多难兴邦。曾锡圭题。”

此题刻位于宿城万寿山南侧，楷书，字径为0.8米。

在题刻后面有跋曰：“溯自抗日战起，敌有恃其海陆空军联合，大力破我要塞，肆行无忌。本年五月二十日，敌又施其故技，进犯我连云港，经我官兵奋勇抗战，时逾匝月，敌终未能越雷池一步。斯则秀地告慰者。而我守备东西连岛将士，又复慷慨赴义，竟作壮烈牺牲，比古之田横五百蹈海壮士固无逊色焉！国家兴亡，匹夫有责。追往思来，怅怀无已。爰镌八字于石，勉我袍泽，留作纪念云尔。公元一九三八年六月廿八日湖北沔阳曾锡圭识”。

该跋文为7行，落款1行，魏碑体，高3.1米，宽1.2米。

曾锡圭，1899年出生于湖北省沔阳县石桥乡，毕业于北京清华大学，后留学美国哈佛大学，于康乃尔大学攻读硕士学位。他1927年回国，任冯玉祥麾下第1集团军参谋。抗战爆发后，他在由国民党税警团改的游击第8军任军长。1949年上海解放前，曾锡圭离开大陆，赴新加坡定居，1966年在新加坡华侨南洋大学执教期间病逝，终年67岁。

2．冯岳题刻

此题刻位于曾锡圭题刻左侧。内容为“民国二十七年五月，倭寇由老家窑孙家山强行登陆，余奉命率游击第2纵队向后云台山堵击。苦战数日，幸赖官兵用命，顽寇迄未得逞，爰勒石志念”，并题大字“保我山河”，后署“粤东冯岳”。整个刻面约为4平方米，序文字径为0.8平方米，魏碑体。大字为楷书，字径为0.38米。

冯岳，广东人，时任游击第8军下辖的6个总队的第2总队总队长。

3．李志亲题刻

此题刻位于曾锡主题刻右侧。题刻序文为“民国念（廿）七年五月，倭寇大举侵犯连云港。余奉命指挥守军与敌战月余。赖我将士忠勇抵抗，誓保河山，顽敌迄未得逞。爰题数字，共相奋勉”，接题“保卫疆土，复兴中华”8个大字，后署“六月下旬合州李志亲题”。序文为楷书，字径为0.06米，大字字径为0.19米，刻面为1.44平方米。

李志亲题刻共有3处，还有一处在曾锡主题刻东50米处，刻文为“保卫疆土，复兴中华”，无序无跋，刻石时间晚了半个月。第3处刻于南云台山东磊。

李志亲（1901－1955年），名浩，字志亲。他是重庆市合川县人，参加连云港保卫战时任游击第8军第1总队第1大队大队长。新中国成立后，他曾任重庆市人民政府委员、市政协常委、市工商联副主席。

二、鹿场抗日题刻

此题刻位于宿城的上洞庄鹿场路旁石崖上。上刻“人心不死，国必不亡。岐山”，刻面为0.56平方米，字径大小不一。

岐山（1891－1959年），原名杨凤鸣，字岐山。他是连云港市东海县石榴乡东安村人。1931年起，他先后任乡长、区长。在中共抗日统战政策影响下，他率300多武装人员在陇海铁路北东安一带抗击伪军，在1939年9月8日的战斗中，毙敌伪100余人。他的二儿子杨庆禄等6人在战斗中牺牲。1941年9月18日，中共山东分局成立独立旅，杨凤鸣长子杨庆福任独立旅独立团第1营营长，在一次战斗中光荣牺牲。杨凤鸣拥护共产党领导，积极抗日，时任八路军115师政治部主任的肖华称其为“抗战老人”。

三、围屏山抗日题刻

此题刻位于宿城乡大竹园村张楼庄西200米的大桅尖西围屏山南坡大石檐下，刻文为“云台山顶雾苍茫，此是抗日大战场，百日争夺暂归去，可恨倭儿未斩尽。一九三八年八月沈阳周从权题”。刻面为0.936平方米，楷书，字径为0.1平方米。

周从权，辽宁省沈阳人，时任57军某部营长。在1938年的连云港保卫战中，我军虽经百余日的浴血奋战，终因敌众我寡，于8月21日失守大桅尖。奋战于沙场的将士们悲愤不已，在大桅尖留刻“可恨倭儿未斩尽”的悲壮诗言后转战他场。

四、飞来石抗日题刻

该题刻位于连云镇吕端山上的“飞来石”南侧石壁上，刻面宽约为1.05平方米，草书4行，字径大小不一。刻文为“国难当头，吾辈军人当以死赴之，得不死，则亦得后天下之乐而乐也，邵思三”。下有印文两处，印文不可辨。

邵思三，国民党游击第8军的一位军官，生平不详。

五、东陬山抗日题刻

此题刻位于连云区东陬山西边的山洞里，刻面为0.75平方米。刻文为“民国廿七年八月吉旦。倭寇犯我海疆，飞机到处逞强，为免轰炸殃及，依山筑室避将。上校总队长胡文臣题”，正文字径为0.025平方米，落款字径为0.36平方米，楷书。

此山洞是在连云港保卫战中时任游击第8军第3总队总队长的胡文臣为抗战而修建的，共有两处洞口，面向西南、西北。西北洞口迎面墙上刻有“藏军洞”三字，字径为0.034平方米，匾额长0.85米、高0.35米，每字饰刻六边形框。

胡文臣（1889－1938年），字相卿，天津市柳青人。在连云港保卫战中，他驻守东陬山。1938年9月24日，在抗击日寇的高公岛战斗中，胡文臣率部与敌寇浴血奋战，固守阵地，战功卓著，因“守土有功”晋升为少将。1938年11月，他奉调宿迁，堵击徐州东犯之敌，途中遭伏击，不幸牺牲。

六、东磊抗日题刻

该题刻位于云台乡东磊龙王庙下崖头上。刻面为0.5平方米，刻有“血战连云”，字径为0.03平方米。题后有跋，内容是“民国念（廿）七年五月，余率所部守备连云，与倭寇血战数昼夜，奉令将墟沟阵地移交某旅，转战老窑，途经东磊，题书数字，以应父老而为纪念。李志亲志”。

七、徒然洞抗日题刻

该石刻群位于新浦区南城镇东凤凰山玉皇宫东北30米处山洞附近的石壁上。该山洞原为一天然小山洞，日寇占领后，对此洞进行开凿，用以藏身和储备物资。抗战胜利后，1946年春，人们在观看日寇战败后遗留下的山洞时，感慨万分，在该洞崖壁上留下一组石刻。

1．“徒然洞”题刻

位于洞口正上方，内容为“徒然洞”三字，字径0.23米，刻面为0.8平方米，上款“民国三十五年春”，下款“阜宁高卓然题，住持隆引敬刻”。

2．“题徒然洞”题刻

位于洞口左上方，内容为“蠢尔倭奴，残暴妄动，公理难容，徒留此洞。民国三十五年春，高建华书”。题刻字径为0.09米，正楷，刻面为0.36平方米。

3．“观徒然洞偶感”石刻

位于洞口外右上角，内容为“民国卅五年春，观徒然洞偶感：扶桑倭寇兮扰我邦，穿穴御袭兮徒然忙。血战八载兮洗国耻，河山重整兮日月光。安莫忘危兮继奋斗，纵横宇宙兮当自强。古燕国桢高捷题”。字径为0.09平方米，正楷，刻面为0.72平方米。

4．“题徒然洞”诗刻

位于洞口后上方，内容为“题徒然洞，徒作藏身想，倭奴技已穷。一朝同鼠窃，凿洞积山中。民国三十五年春武柏年”。字径为0.08米，正楷，刻面为0.44平方米。

以上所调查整理的部分抗日题刻资料充分说明70年前的连云港保卫战是中国抗日战争的重要组成部分，是世界反法西斯战争的一个缩影。艰苦卓越、可歌可泣的抗日战争是一百多年来中国人民反对敌人入侵第一次取得完全胜利的民族解放战争。

此文参考、采用了李洪波、高伟、孙亮、刘洪石、骆玉宽及已逝的丁义珍先生等文物专家与学者调查整理的资料、图片及封其烂先生编写的《血战连云》中的一些资料。

（作者李道亮、骆琳，选自《苍梧晚报》及连云港新闻网）

活动探究

实地考察云台山抗日题刻群，搜集资料，以《连云港保卫战》为题写研究报告。

第四章

东海名著与东海名士

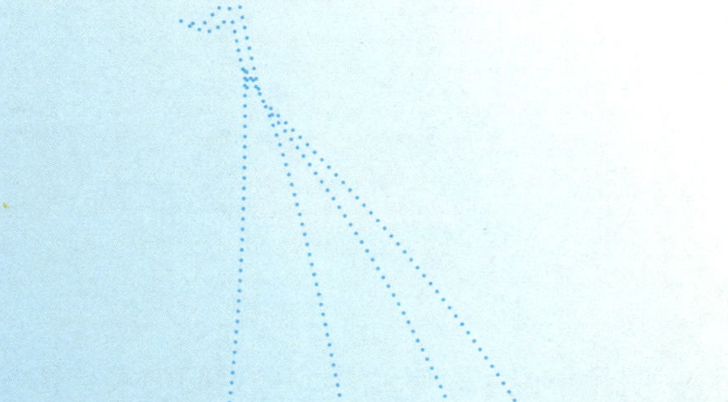

第一节

吴承恩与《西游记》

吴承恩以花果山北麓为创作背景，给我们留下了一部名著《西游记》，也给我们留下了一座文采飞扬的名山和一个神猴孙悟空的光辉形象。《西游记》是一部神话小说，是中国灿烂文化中的一颗明珠。书中充满幻想的故事情节如大闹天宫、三打白骨精、智斗二郎神等，虽然在现实生活中是不存在的，却深深地吸引着读者。书中那一个个栩栩如生的神话般的人物，更是赢得了读者广泛喜爱。

走近吴承恩

吴承恩（约1500－1582年），明代小说家，字汝忠，号射阳山人，怀安山阳（江苏淮安）人。他生于一个由学官沦落为商人的家族，家境清贫。吴承恩自幼聪明过人，《淮安府志》记载他“性敏而多慧，博极群书，为诗文下笔立成”。但他科考不利，至中年才补上“岁贡生”，后流寓南京，长期靠卖文补贴家用。他晚年因家贫出任长兴县丞，由于看不惯官场的黑暗，不久愤而辞官，贫老以终。

吴承恩自幼喜欢读野言稗史，熟悉古代神话和民间传说。科场的失意，生活的困顿，使他加深了对封建科举制度、黑暗社会现实的认识，促使他运用志怪小说的形式来表达内心的不满和愤懑。他自言：“虽然吾书名为志怪，盖不专明鬼，实记人间变异，亦微有鉴戒寓焉。”

《西游记》书籍封面

吴承恩杰出的长篇神魔小说《西游记》以唐代玄奘和尚赴西天取经的经历为蓝本，在《大唐西域记》《大唐慈恩寺三藏法师传》等作品的基础上，经过整理、构思，最终写定。作品借助神话人物抒发了作者对现实的不满和改变现实的愿望，折射出作者渴望建立“君贤神明”的王道之国的政治理想。小说借助唐僧师徒在取经路上经历的八十一难折射出人间现实社会的种种情况。小说想象大胆、构思新奇，在人物塑造上采用人、神、兽三位一体的塑造方法，创造出孙悟空、猪八戒等不朽的艺术形象。全书组织严密，繁而不乱，语言活泼生动且夹杂方言俗语，富有生活气息。主题上冲淡了故事原有的宗教色彩，大大丰富了作品的现实内容，具有民主倾向和时代特点。作品特点讽刺幽默，呈现出不同于以往取经故事的独特风格。

中国古代小说中，《西游记》是一部思想性和艺术性都臻于一流的伟大作品。它也是明代长篇小说的重要流派之一——神魔小说的代表作。它在神魔小说中的地位，相当于《三国演义》在历史演义小说中的地位。

民间传说

传说，吴承恩为写《西游记》上云台山。吴承恩早就想把唐僧取经的故事编成一本小说。书里要写一个保着唐僧去西天取经的孙猴子，于是，他就从孙猴子的老家写起。可是写着写着，写不下去了。怎么啦？因为他光知道猴子的家住在山上，自己却没有看过山。他想看山吧，家乡淮安又没有山。孙猴子老家到底什么样子，他心里没有谱。怎么办呢？吴承恩感到很为难。

有一天，他到一位朋友家去作客。朋友告诉他，淮安东北二百里处有一个叫“海州”的地方。海州东边是大海，大海中有一座大山，叫“云台山”。吴承恩听后，由衷地感到高兴。

这年秋末冬初，吴承恩离开淮安，日夜兼程赶往海州。他到海州一看，那山果然在大海里，四边没有上山的路。他就请一位船老大帮忙，坐船过海上云台山。

云台山上有一座山峰，叫“青峰顶”。青峰顶上有一座大庙，叫“三元宫”。吴承恩爬上青峰顶后，就住在那大庙里。此后，他跑了好几天，看了好多地方，也没有看出什么门道来。

一天，他又来到一个地方。这地方是一片桃树林，枝头上结满了又红又大的桃子，吴承恩感到很奇怪。这时，来了一位白发苍苍的老人。吴承恩就上前问那老人：“怎么冬天还有桃子？”老人答道：“这里的桃子和别的地方不同，都是到冬天才结桃子，人们叫它‘冬青桃’。”吴承恩又问：“这山上原来就长这种桃子吗？”老人说：“听老一辈的人讲，很久很久以前，这座山上荒无人烟。有一年，来了一对逃难的小两口

云台山

儿。他们在山上开荒种地，栽花植树，渐渐地穷山变成了宝山。这件事感动了王母娘娘，她派桃花仙女来云台山，给小两口儿送来两个大蟠桃和七七四十九个仙桃核。小两口儿吃了桃花仙女送来的蟠桃后，就把两个蟠桃核种在他们住的山洞门前，并将七七四十九个仙桃核种在这块山田里。后来，这小两口儿成了神仙，跟着桃花仙女上天去了。”吴承恩听到这里，就对老人说：“我们去看看那小两口儿住的山洞吧。”老人说：“好。”山洞就在桃树林附近，一会儿，他们就到了。吴承恩一看，洞门前果然有两棵桃树，只是没有结桃子。吴承恩问：“树上怎么没有桃子啊？”老人告诉他说：“相传很久以前，这山上出过石猴精。有一天，石猴精带一群小猴子在山上找果子吃，找到这里，把满树的蟠桃一下子吃光了。听老一辈人传说，冬青桃是一千年开花，两千年结果，三千年成熟。这蟠桃得三千年才开花，六千年才结果，九千年才成熟。现在还没有开花呢！”

石猴精吃蟠桃的故事引起了吴承恩极大的兴趣，他就请老人讲那石猴精的故事。老人便对吴承恩说：“传说古代有一个女娲仙女，她看天上坏了很多洞，银河里的水一年到头从这些洞里往人间倒，老百姓吃尽了水涝的苦头。女娲就炼石补天。洞补好后，剩下一块石头，她就把它扔向东海。哪知道，一下子扔到了云台山青峰顶下面，夹在两块大石头的夹缝里。不知过了多少年，这块石头旁边又生出来一块圆圆的石头。有一天，这块圆石头发出一声巨响，炸开了。只见金光四射，从里边蹦出一个小石猴。说起来很奇怪，这石猴一出来就嗤嗤地见风长……”老人讲的故事引起吴承恩很大的兴趣，他要求老人带他去看看那块石头。不一会儿，他们就来到了那个地方。吴承恩一看，果然不错，两块巨石中间夹着一块石头，上不靠天，下不着地，上边还有“娲遗石”三个字。紧靠娲遗石的是一块半圆的石头，球面十分光滑，像有人磨过的一样。老人告诉吴承恩，那半块不知蹦到什么地方去了。

在离娲遗石不远的地方，还有许多山洞。老人又和吴承恩去看那些山洞。穿过一片松林，就到山洞了。这里的山洞真多，大洞、小洞，方洞、圆洞，高洞、矮洞，一个接一个，一个挨一个。吴承恩跟着老人过去一看，那些山洞，洞洞相连，洞洞相通，真是一个洞天世界。吴承恩边走边看，边看边问，才知道这里有72个洞。他们钻进一个山洞又一个山洞，钻呀钻呀，不知不觉就来到了很大很大的一个山洞前。那山洞的门呈“人”字形，洞门上的崖头上还有“高山流水，神泉普润”8个大字。从山顶淌下一股流水，正好遮住洞门，像是一个帘子挂在门上。洞的附近长着许多银杏、栗子、桃、李等果树。

这时，老人告诉吴承恩说：“传说，有一天，石猴精带着一大群小猴子来到这里。看见有这么多的果树，开心极了。它们一边吃着果子，一边高兴地玩耍。石猴精看山上飘下一股流水，不知里边是什么，就叫小猴子进去看一看。可是，小猴子一个个都胆小怕死，没一个敢往里跳。这时，只见石猴精蹲下身子，闭上眼睛，大叫一声，纵身跳了进去。它睁开眼睛一看，原来是一个山洞，石猴精非常开心。只听它一声招呼，小猴子一个个都学着它的样子，蹦了进去。从此，石猴精就在这洞里安下家来。它们朝游青峰顶，夜宿大山洞，饿了吃山果，渴了饮山泉。日子过得无忧无虑，十分快活。”

听到这里，吴承恩问：“这山洞容易进去吗？”老人说：“容易进去，你跟我来。”吴承恩跟着老人绕到洞后，原来后边还有一个小门，他们钻进去一看，洞有两间房子大，里边还有一口方口水井。吴承恩看着井，想起了“神泉普润”的石刻，就问老人：“这就是神泉吧？”老人说：“我们都叫它‘海眼子’。”吴承恩又问：“为什么叫‘海眼子’呢？”老人说：“传说，这井一直通到山下的大海里，井水从来没有干过。”

他们钻出山洞以后，向三元宫大庙走去。吴承恩一边走一边问老人：“那石猴精后来到什么地方去了？”老人说：“传说有一年，花果山遭了大旱灾，很多果树都干死了，只剩下那冬青桃，还得等三千年才能吃到果子。石猴精就对小猴子们说：‘我只好带你们到外地去谋生了。’从那以后，石猴精再也没有回来。”

说着说着，他们就来到了三元宫前。吴承恩请老人到庙里歇歇再走。老人说改日再来，并邀请吴承恩到他家里作客。吴承恩非常感激老人，望着老人向山下走去，直到望不见了，才回三元宫。

从这一天起，吴承恩天天在云台山青峰顶上，这里转转，那里看看，有时还到老人家里去，请老人讲故事，回来后，就在三元宫里写《西游记》。

他把云台山青峰顶当作孙猴子的老家，因为这里一年四季花果满山，吴承恩就把青峰顶改叫“花果山”。他还把石猴精住的大山洞改叫“水帘洞”。很快，吴承恩就把《西游记》的开头写好了。有了好的开头，整部书写起来就顺手了。吴承恩在云台山住了三年，终于写出了《西游记》这部小说。

活动探究

1. 采访连云港市《西游记》文化研究所的专家，研究《西游记》与连云港乡土文化的关系。
2. 参加在连云港市举办的《西游记》国际旅游文化节。
3. 你喜欢《西游记》中的哪个人物？试着写一篇关于他的文章。

第二节

李汝珍与《镜花缘》

李汝珍以连云港花果山的南麓——东磊为创作背景，创作了一部名著《镜花缘》。《镜花缘》是我国古典长篇小说中内容最奇特的一部，当代学者称之为“杂家小说”，国外学者评其为“熔幻想小说、历史小说、讽刺小说和游记小说于一炉的巨著”。作者描写了100位聪慧绝伦的女子形象，体现了要求男女平等、反对压迫妇女的进步思想，还描写了海外各国形形色色的风土人情。全书诙谐幽默，妙趣横生，种种轶闻趣事脍炙人口，长期流传。

走近李汝珍

李汝珍（约1763－1830年），字松石，清代著名文学家、音韵学家。李汝珍原籍直隶大兴，清乾隆四十七年（1782年）秋随兄李汝璜赴连云港市海州板浦场盐课司大使任所，乾隆五十八年（1793年）娶板浦许氏女为续弦，嘉庆九年（1804年）著成《李氏音鉴》。自1797年至1817年，李汝珍采撷海州地方风物、乡土俗语以及野史趣闻，花了20年时间创作出“与万宝全书相邻比”（鲁迅语）的“奇书”《镜花缘》。现连云港市灌云县板浦镇建有李汝珍纪念馆。

《镜花缘》是一部优秀的具有一定民主思想倾向的浪漫主义小说。作者李汝珍与海州的缘分甚深。

李汝珍大约在乾隆四十七年（1782年）随其兄李汝璜移家到海州的板浦。他的后期生活人们知道的甚少，从《朐海诗存》的凡例中说他“久作寓公”看来，晚年一直生活在海州是可以肯定的。

李汝珍像

《镜花缘》的故事发生在武则天当女皇的时代，描写了天上百位花神获遣降落凡尘的经历。书中通过唐敖、林之洋、多九公等漂洋泛海，见识了海外许多离奇的国度、异人怪事、仙兽神鸟，从而借物言志、针砭时弊。书中还以相当大的篇幅记叙了当时各种文学艺术、科学知识、娱乐活动、医卜星相的情况。

小说中的百位花神降生人世后，都是些凛然巾帼、才义淑女，一反过去小说中情意缠绵、弱不禁风的佳人面貌。作者对妇女怀着高度的同情，主张男女平等，要求女子读书写字，参加科举考试和做官；赞扬女子也能独立生活，建功立业；把许多女子写得豪爽英烈，使世俗男儿相形见绌。他反对压迫妇女，尤其深恶缠足、穿耳等对妇女进行的生理上的摧残。鲁迅先生曾转述胡适对这部书的看法，“《镜花缘》是一部讨论妇女问题的小说，作者的理想是男女应该享受平等的待遇、平等的教育与平等的选举制度”。

由于作者大半生是在海州度过的，大海和云台山的山光水色、当地的风土人情和语言，都成了他创作《镜花缘》的素材，这在书中可以看到明显的痕迹，如东磊延福观庙后竹林中至今还留有古代“小蓬莱”摩崖石刻，而李汝珍在《镜花缘》中竟把小蓬莱描绘成从人间飞升天庭的必由门户。书中的小蓬莱，群山丛叠，松林密布，溪涧深邃，鸟兽成群，景观酷似云台山中的东磊。而书中关于海上生活与登舟启航的细节，都写得极其真实细致，若非在海边生活过的人是很难做到这一点的。书中还有一些海州地区名特产品的介绍，如反复称赞海州葛藤粉天下第一；谈到石榴花，书中说：“此花后来送至东海郡，附近流传，莫不保护，所以沭阳地方至今仍有异种，并有一株而开五色者……真可甲于天下。”又如，在酒水阵中，酒保列举天下55种名酒，其中特别包括了“海州辣黄酒”。

今天，《镜花缘》不仅在国内广为流传，还被译成多国文字漂洋海外，比他在书中塑造的唐敖、林之洋、多九公们走得更远了。1986年7月25日，连云港市《镜花缘》研究会成立，出版了学术刊物《镜花缘研究》，同年8月14日至17日在墟沟召开首届《镜花缘》学术讨论会，来自全国各地的专家学者欢聚一堂，知音们共同探讨作者的生平活动，研究作品的思想艺术价值。正是：

天旋地转书犹在，
喜看镜花结新缘。

《镜花缘》地理原型

1783年，李汝璜赴海州板浦任盐课司大使，年方20的李汝珍随兄长来到了连云港这个山海相拥的地方。李汝珍一生大部分时间都居住在灌云县板浦镇。他借助连云港的地形地貌进行附比联想，呕心沥血30余年，终于写成了古典浪漫主义杰作、长篇小说《镜花缘》。如今，在古镇板浦东大街上还保留着李汝珍的故居。

由于李汝珍在海州板浦“久作寓公”，所以《镜花缘》中充满了海属地区的方言土语和风物民情，处处打上了古海州、板浦、云台山的烙印，有着浓郁的海属乡土气息，简直就是一部古海州地区社会民俗志。

连云港的云台山东磊是李汝珍《镜花缘》中描绘自然风情的主要参照。《镜花缘》中的小蓬莱是个神仙境地，是由人间步入天庭的门径。在东磊延福观后有“石门玉女”景点，石门是一条东西向的岩层裂隙，如山开一门。石门中泉水争流，叮咚成韵，谓之“焦石鸣琴”，刻勒于石门之上。石门之西，有石刻“小蓬莱”等多处题刻。更妙的是，东磊“小蓬莱”刻石的书法体势竟然和清代版《镜花缘》绣像上的“小蓬莱”完全一致。云台山一带的食货物产、飞禽走兽、水利设施等，都在《镜花缘》里得到生动的描写。据说，李汝珍是个有心人，在听到奇闻轶事时，便随时用笔记下，搜集素材，就像《聊斋志异》作者蒲松龄一样，

李汝珍故居

然后经过思考、剔选、渲染、夸大、发挥，融入创作中。正是和海州云台山结下了不解之缘，才使李汝珍这位“于学无所不窥”的才子，“另具一副手眼，另出一种笔墨”，创作出奇书《镜花缘》。

活动探究

1. 参观李汝珍纪念馆，阅读有关李汝珍和《镜花缘》的书籍。
2. 采访连云港市李汝珍研究所的专家，研究《镜花缘》与连云港乡土文化的关系。

第三节

东海孝妇与《窦娥冤》

出自连云港市属地区的东海孝妇事迹，史载于《汉书》《王子年拾遗记》《太平寰宇记》《海州隆庆志》等典稿。元代剧作家关汉卿根据上书对东海孝妇的记载，创作出不朽名剧《窦娥冤》。连云港市云台区朝阳镇北侧山头现存“汉东海孝妇祠”，俗称“娘娘庙”，又叫“窦娥庙”，据考证始建于宋代。北宋诗人苏东坡、文学家石曼卿曾专程到此凭吊。每年农历“三月三”，民间百姓会在此举行庙会，敬祀孝妇。

文学品鉴

梓里奉馨香，合万家诚意感通，自见雨旸应候；
海隅资保护，历千载神功普遍，方知慈孝同心。

——童濂

厥神具巾帼英灵，仰言表行坊，千古永垂淮海地；
此日作香花胜会，愿和风甘雨，三农先慰暮春天。

——张恩沛

民间传说

汉代有个女子周青，娘家在东海郡石榴树，婆家在巨平村，即今连云港市云台区朝阳镇。

周家贫穷，母亲早早去世，父亲识俩字，但做不了事，也种不了田，无奈将女儿送给百里之遥的巨平村老亲戚家做童养媳妇。结婚没几年，周青的丈夫服徭役受伤亡故，没过多久，独子又得病死了。好端端的一家人，就剩下了一个年迈的婆婆、一个未成年的小姑子和周青自己。周青白天上山打柴，晚上纺线织布，过着清贫的生活。

周青为人忠厚善良，有一点好吃的先敬婆婆，后敬小姑，自己空着肚子；有一点好穿的也先敬婆婆，后敬小姑，自己穿着破的，过一天了一日的毫无怨言。婆婆看了过意不去，就劝媳妇说："孩儿啊，你年纪轻轻的，这么死守活熬，哪天才是个头呢？我看你不如寻个妥当的人家嫁出去吧！"周青感叹自己生的黄连命，嫁到蜜州也不会甜，更不愿婆婆和小姑受罪。

婆婆生病了，周青日夜守在床边，煎汤熬药，端尿端屎，婆婆疼得哼一声，她也哼一声，就跟病在自己身上似的。婆婆吃不下饭，她说："妈呀，你想吃什么呢？"婆婆说："什么也不想吃，就想吃那红枣子。"这时正是寒冬腊月时节，家里没有红枣子，上街又没买到，她急得一夜睡不安稳。

第二天大清早，周青与小姑子两人到山涧沟抬水，在往回走的路上，看见一个又红又圆的大红枣子掉在一泡狗屎上。周青就拣了起来，先擦擦，觉得不干净，又放在水里来回洗，洗过就放在自己嘴里含着。回到家里，她从嘴里掏出红枣子给婆婆。临吃前，她又偷偷地放进自己嘴里咂咂。那枣子虽说是在狗屎上拣的，经她这么擦啊，洗啊，咂啊，狗屎味早没了。婆婆一吃，病情好了不少，精神也来了不少，心里感激媳妇的一片孝心。

下午，婆婆又想吃青菜。寒冬时候哪里有新鲜蔬菜呢？周青没办法，赶快下山，寻遍山坡涧沟，在向阳崖坡里铲了一把婆婆蒿的嫩芽芽。她跑到山涧沟边，揪揪，剔剔，洗洗，弄得干干净净拿回家，炒炒，家里正好还有半小钵香油，多放了一些。婆婆高高兴兴地全吃了。谁知过了一会儿，婆婆突然感到不舒服，转眼之间头都歪了。周青急得直转也没法子。小姑子呢，心眼不好，是个多嘴精，告诉妈妈说："嫂子早就不安好心了，说不定这是从山上采来的毒草，害你哩。"婆婆不信，小姑子又说："早上你吃的那个大红枣子，还是她从狗屎上拣来的呢！"婆婆还是不信。没过多久，老婆婆慢慢地耷拉了头。如今民间小孩还有唱"婆婆蒿，犯香油，老婆婆吃了耷拉头"的民谣。

小姑子慌忙跑到县衙告状，说："嫂嫂毒死了我妈妈。"县里下令捉来周青。周青申辩未杀婆母，自诉是小姑诬告。案子报到了东海郡，当时郡衙接管案子的是于公。于公是汉宣帝时丞相于定国的父亲。于公的老家就在云台山下的于公疃。于公精通法律，治狱勤谨，接手周青谋害婆母一案后，就明询暗访，察知乃一桩大冤案。于公百般为周青陈情，说："这个妇人赡养婆婆十多年，以孝闻名乡里，四邻没有闲言，请求给一条生路。"太守愚昧，不听于公再三直谏，不详查细询，糊里糊涂就将周青定了死刑。于公没有办法，怀抱案卷，在衙门里嚎啕大哭，匆匆辞职走了。

太守断定于六月初三将周青斩首。临受刑前，周青大呼冤枉，将平时喜欢的石榴枝插在地上，又要求竖起十丈竹竿，悬挂五丈白绫，当众立誓："我周青若有不孝大罪，情愿一死，鲜血当往下流，石榴枝即枯。周青若蒙冤而死，我求苍天有眼，应我三件事：鲜血往上喷满白绫；石榴枝开花，树大成围；六月飞雪覆盖我尸。"说罢伸脖子就刑。行刑过后，果然如周青所言，鲜血直往上喷涌，将高悬的白绫染成红色。本来是热烘烘的六月天，顿时乌云四起，寒风呼啸，满天飘起鹅毛大雪来。满城人嚎啕大哭，哭声数里，惊天动地。成千上万的老百姓涌出城廓，手捧泥土，立时为周青堆起了方圆数亩的高大墓冢。再看石榴枝果然成活开花，过后长成了大树。周青的娘家人听说石榴树有灵，纷纷栽植，周围石榴树多了起来，以致石榴树成了村名、镇名。

时过多年，东海郡换了新太守。这位太守拜访于公时，于公献出周青全部案卷，告诉他说："孝妇不当死，前太守强断，周青临刑之言都应验了。"新太守详细审阅案卷，又到民间访问查证，弄明了案情，当即为周青平冤，还宰杀了三牲，亲自到周青冢上祭祀，旌表孝妇的德行。

元朝戏剧家王实甫、梁进之、王仲之先后将孝妇事迹编成《于公高门》。大戏剧家关汉卿以周青为原型，写成了名垂青史的《感天动地窦娥冤》。

后来，云台山新县和郯城都建有孝妇祠。新县孝妇祠后有窦娥坟和千年古榕树。清朝道光十九年，淮北盐运史司海州分司运判童濂倡捐重建。新县孝妇祠西山头荒坟临近大路，有一石碑，上书"汉东海孝妇之墓"。进祠门，正殿开阔三间，正中木龛内端坐凤冠霞帔、慧眼微开的孝妇塑像，精彩庄严。两旁楹联是："梓里奉馨香，合万家诚意，感通自见雨晦应侯；海隅资保护，历千载神功，普遍方知慈孝同心。"梁柱上悬挂历朝官员题献的匾额。塑像前分布钟、磬、皮鼓、木鱼、香炉以及祭器，井然有序，庄严肃穆。正殿西间为孝妇寝堂，专祀孝妇的婆婆。每年农历三月初三庙会，前来求愿、了愿、敬香的人络绎不绝，香火不断。清朝道光年间，两江总督陶澍来娘娘庙求子，后又来还愿，特为东海孝妇重塑金身。

（苗运琴、张义壮、朱守和搜集整理）

《窦娥冤》与“东海孝妇”

《窦娥冤》舞台照

在关汉卿的《窦娥冤》中，窦娥临刑前发下三桩誓愿：血溅白练，六月飞雪，亢旱三年，其中“亢旱三年”的誓愿来自“东海孝妇”的典故，窦娥在剧中说：“做甚么三年不见甘霖降，也只为东海曾经孝妇冤。”其实，不仅这桩誓愿来自于“东海孝妇”，《窦娥冤》全剧的题材也取本于“东海孝妇”的故事。

元代的杂剧作家王实甫、梁进之也都以此为题材作过杂剧，但是主要用意都是颂扬替东海孝妇平反冤狱的于公。关汉卿在民间传说的基础上，结合元代的社会现实并参考了当时有关的戏曲创作，完成了这部著名悲剧《窦娥冤》的创作。

经过关汉卿的改造和天才创作，《窦娥冤》已不再是民间传说中的“东海孝妇”故事的翻版，而是一部深刻反映元代社会现实的激动人心的著名悲剧。落魄书生窦天章欠蔡婆婆二十两银子，加上利息为四十两，无力偿还，遂将七岁的女儿给蔡婆婆当童养媳。蔡应允之，天章遂赴京应试。窦娥十七岁结婚，不到二年，丈夫去世。此后，她与婆婆二人生活。一日，蔡婆婆前去向赛卢医讨所欠高利贷，赛欲将蔡勒死以免还债，流氓张驴儿和其父见之，救下蔡婆婆。张家父子以此为借口，欲双双入赘蔡家，配蔡婆婆和窦娥，遭窦娥激烈反抗。张家父子虽未能如愿，但入住蔡家不走。张驴儿想毒死蔡婆婆，嫁祸窦娥，以逼其就范，不料毒死张父。张驴儿以此要挟，欲娶窦娥，窦娥不从，致对簿公堂。太守桃杌严刑逼供，胡乱判案，窦娥被问成死罪问斩。窦娥临刑前发下六月飞雪等三桩誓愿，竟一一应验。后来，窦天章任两淮提刑肃政廉访使，出巡至楚州，经历种种曲折，为窦娥平反。

《窦娥冤》与“东海孝妇”故事相比，除情节进行了加工外，还有两个明显胜出的地方。第一，主题更深刻。周青之冤，起于其小姑的误会；窦娥之冤，则是出于地痞恶棍、贪官污吏的有意诬陷，因此，后者更冤，因而也就更加动人。它通过窦娥的悲惨遭遇，揭露了元代社会高利贷盘剥的残酷、社会的混乱、官府的黑暗。如果说“东海孝妇”的故事旨在表现于安国治狱精明负责，那么《窦娥冤》则旨在揭露社会政治的黑暗、歌颂弱者的反抗，其社会意义的深广是“东海孝妇”所无法比拟的。第二，人物形象更丰满，更具有典型意义。东海孝妇周青的性格特征用一个字概括，那就是“孝”；而窦娥形象则更为丰满，其性格特征并不只是“孝”，也不只是善良，更有为维护自己独立的人格而对黑暗社会所作出的不屈不挠的反抗。戏剧成功地塑造了悲剧女主人公窦娥的形象，使其成为元代被压迫、被剥削、被损害的妇女的代表，成为元代底层善良、坚强的妇女走向反抗的典型。

正因为如此，关汉卿创作的《窦娥冤》成为反映元代社会现实的一部著名悲剧，也正因为如此，晚清著名学者王国维说：“将之列于世界大悲剧中亦无愧色也。”

活动探究

1. 你从孝妇周青身上读懂了什么？请和同学们讨论交流。
2. 欣赏关汉卿的《窦娥冤》。

第四节

跨海东渡的先驱徐福

徐福，又名“徐市”，字君房，史传为秦代琅琊郡赣榆县人，是当时著名方士，经考证其故里在今连云港市赣榆县金山镇徐福村（原名“徐阜村”）。汉代当地有徐福庙（也称“兴会寺”），庙里原有一铁一铜两口大钟，至今还流传着一首民谣：“铁钟和铜钟，本是亲弟兄，你住兴会寺，我去东海东。”《史记》载：公元前219年，秦始皇东巡琅琊时，“遣男女三千人”，派徐福带领入海寻采长生不老药，“资之五谷种种百工而行”。结果，“徐福得平原广泽，止王不来”，留下了千古传说。赣榆县金山镇徐福村今有徐福祠，海外日本友人相继成批来此寻根、祈拜。

文学品鉴

徐福宫侍游三山

那波道园

熊野先寻徐福宫，路人遥指一松丛。

逸书血食今安在，遗迹空存飞鸟中。

徐福祠

菊池西泉

徐福逃秦终不返，人传海上问三山。
三山仙去空千载，药草春深白日闲。

过徐福墓

菊地海庄

片帆远指海东霞，回首盛京云路赊。
万里蓬莱舟未还，君王已上辒凉车。

徐福墓

若林钦堂

不老长生献策成，云帆万里到蓬瀛。
谁知采药避秦巧，支孽连续免火坑。

徐福赞歌

前川真澄

（一）

昔秦之世始皇帝，方士徐福召室里；
听说东海有一国，长生药草长满地。
采来献朕快快去！

（二）

徐福筹备重慎密，金银财宝山堆积；
童男童女率三千，乘风破浪一路去。
船泊新宫是圣地。

（三）

看哟蓬莱仙山岛，满山药草花开时；
邻里和睦风俗好，山清水秀人怡怡。
流连忘返无归期。

（四）

明知异国他乡人，春秋两千祭客魂。
樟树丛中徐福墓，香火鲜花岁岁新。
啊，赞美你，可歌可泣徐方士，
啊，赞美你，可歌可泣徐方士。

徐福祠

从连云港市驱车北上，经1个小时即可到达赣榆县北部与山东省接壤的金山镇。镇政府驻地南1000米处坐落着一座建造考究、引人注目的古代建筑，那就是令人肃然起敬的徐福祠。

据传，徐福携童男童女和百工东渡未归，乡民们殷殷怀念，集资修庙，寄托哀思。宋熙宁三年（1070年），原庙改建，易名“兴会（国）寺”，后又演变为牛王庙、关帝庙等。直至20世纪初叶，庙里仍香火旺盛，香客络绎不绝。庙前两棵数丈高的白果树（据传树龄约千年）成为沿海渔民归航的标志。庙里有两口大钟，一铁，一铜。后来，庙被毁，树被伐，铜钟被大水冲走，铁钟被砸毁。至今，这里还流传着妇孺皆知的一则民谣：“铜钟和铁钟，本是亲弟兄，你住兴会寺，我去东海东。”

1986年5月，在连云港市徐福研究会、江苏省社科联历史研究所等6个单位联合召开的“江苏省第一届徐福学术讨论会”上，与会专家学者取得了“徐福在历史上确有其人，东渡确有其事，故里确有其地”的共识，进一步增强了当地深化徐福研究、开发徐福故里的信心。徐福祠第一期工程建有三间正殿和仿汉建筑门阙，以及砖瓦结构的院墙，于1988年4月竣工。为举行徐福东渡2200周年祭，全县机关干部、职工和各界民众自愿捐资20余万元，于1990年10月完成了第二期扩建工程。

现在的徐福祠，占地2400平方米，门阙横额上有“徐福祠”3个遒劲的大字，为连云港市书法家协会主席陈凤桐先生手书。

祠内正殿为三大楹宫殿式建筑，雕檐飞甍，造型精美，古色古香，蔚为壮观。廊柱上铭刻一幅长联，上联为“泛万顷惊涛浮槎东渡经历十度寒暑壮志终酬纪南熊野有仙境”，下联为“谱千秋史话祠宇重开牵来两国情愫英魂可慰苏北赣榆是桃源”。

步入正殿，迎面有一尊徐福坐像。塑像高3米许，古铜色，头戴高山帽，身着大袂禅衣，足着履。俨然徐福坐在海边的巨石之上，左手紧握书简，右手支撑岩石，神情严肃，目光凝视万顷波涛，身体微向前倾，流露出出海前夕坚定的信心和对家乡无限的眷恋。

东西墙壁上原挂有日本国佐贺市访中团赠送的巨幅彩色照片，这些照片生动地记录了徐福在佐贺平原活动的印记和日本人民对徐福的崇敬和爱戴。这些照片被收藏后，现在又挂上了向人们揭示徐福村由来已久的佐证——放大的江西临川“徐氏宗谱”、金山乡徐福村“张氏家谱”复制品。

1985年6月，在金山乡人民政府院内设立了徐福故里文物陈列室。徐福祠扩建工程完成后，文物陈列室迁至徐福祠右配殿。室内陈列了徐福画像、徐福东渡图等图片，《史记》《海州直隶州志》《赣榆县志》和“韦氏宗谱”“张氏家谱”等史料照片，连云港市、赣榆县政府有关文件和国内外20多家报刊有关徐福故里报道的复印件等，生动地揭示了徐福东渡的史实，反映了徐福故里徐福村发现与考证的经过；“赣榆县徐福研究会成立大会”“赣榆县徐福研究会与徐州师范学院签订徐福故里开发协议书”等照片及媒体报道，记录了连云港市研究徐福的历程；新石器时代东部沿海地区的典型器物带槽石斧，龙山文化的石铲、石珠、石磨棒，大汶口文化早、中期遗存红陶钵，春秋至秦汉时代的板瓦、筒瓦、画像砖、陶井圈，战国初期魏国圆肩方足布币和新莽货币及汉唐时期的铜镜等琳琅满目的文物，向人们揭示了徐福及其故里存在的历史和地理条件。秦刑徒墓出土的刑徒瓦铭“赣揄得”“赣揄距”亦陈列其中，它们是“秦置赣榆县”的历史佐证。

另外，室内还有大量的照片，记录了徐福东渡日本的足迹以及徐福故里与日本有关地区的友好交往。

左配殿内有国内外名人纪念徐福的题词和照片。“徐福乘槎竟不回，广招子弟驻蓬莱，二千年后思亲节，姑信仙才是霸才”为原全国政协副主席、中日友好协会副会长赵朴初先生的贺辞；“渊源流长”为全国政协副主席、全国工商联合会主席张绪武的墨迹；原文化部副部长高占祥题有“碧涛连东海，精神传千秋”；中国徐福会长李连庆题有“赣榆徐福村，新宫徐福墓，隔海两相望，兄弟情谊深”；“日中友好始祖——徐福”则为日本国第80代内阁总理大臣羽田孜敬书。

正殿前建有面积达70多平方米的祭坛。周围栏杆为花岗石雕制而成，每一根石柱、每一段栏杆以及5级步的台阶石都经过精心设计雕刻。整个祭坛显得古朴厚重，把正殿衬托得更加气派神圣。

祭坛两侧各立一个刻有精美图案的石灯笼，是1990年7月1日日本国佐贺市友好访华团和诸富町的赠品。

祭坛前面有一个双耳巨型铸铁香炉，前面铸字“徐福祠”，后面铸字“万年香火”。左右两侧铸一幅楹联“馨香俎豆，阔海云天”“风调雨顺，国泰民安”。徐福祠一年四季香火不断，进香者有附近的民众，有国内游客，也有日本、韩国及台湾地区远道而来的朋友，大家都以此表达对徐福的敬意和哀思。

正殿前东西两侧，沿院墙各建有15米长的汉化像石长廊。廊壁上镶嵌的徐福村附近出土的汉化像石，如“二兽戏舞”“禽兽戏舞”“龙的传人”“三鱼共首”“羽虎仰首”“回首神兽”等，雕刻精细、生动逼真。西侧长廊内还存有原始社会的石祖及秦汉时代的石船锚、石药碾等，充分反映了当地历史的悠久和文化的繁荣。

侧长廊内挂一巨钟。“钟鸣巨海”“天长地久”“日长地久”“帆起云天”铸于四周。徐福重大祭祀活动撞奏时，声音轰鸣、响彻数里，壮严肃穆之氛围十分浓重。

甬道两旁各植一行龙柏蜀桧，生长茂盛，四季长青。两边花园内遍植花木，万紫千红，美不胜收。在一株樱花树旁竖着一块铁牌，上书“樱花结好”；在一株龙柏树旁竖着另一块铁牌，上书“龙柏长青”，这是1988年5月1日日本国新宫市长田阪匡玄先生和赣榆县县长朱选成先生于徐福祠落成典礼时共植的。甬道东西两侧的银杏树，先后为佐贺市助役今泉松次与赣榆县长朱选成、新宫市助役西耕作与赣榆县副县长袁泉、日本国第80代内阁总理大臣羽田孜与连云港市长刘永忠先生共同手植。每株树，都有一个故事；每株树，都有一段佳话。它们都象征着中日两国前世千秋结缘，后世万代友好。

一条笔直的马路将徐福村与徐福祠紧紧连在一起。徐福村碑左侧竖立着一块大小相仿的石碑，正面镌刻着“徐福故里”4个大字，为全国人民代表大会常务委员会副委员长彭冲先生题写。阴文为“值中日邦交正常化二十周年之际，列九二国际旅游观光年主要内容之中国赣榆徐福节隆重举行，全国人大常委会副委员长彭冲欣然题词，为纪盛事特立斯碑。赣榆县人民政府1992年11月24日立”。

两块碑并列广场中间，在向世人述说着徐福故里悠久的历史，也给游客增添了留影纪念的好景点。

徐福祠现已被江苏省批准为省爱国主义教育基地，参观拜谒者络绎不绝。

徐福公园

连云港市赣榆县徐福祠引起了日本朋友极大的关注，他们纷纷来徐福祠参拜，同时，在当地兴起了建设徐福人文景观的热潮。其中，兴建早、投资多、影响大的以新宫市徐福公园为最。

徐福公园

新宫徐福公园先后于1994年、1997年以徐福墓为中心扩大整修而成。

公园门楼为中国古典建筑风格，高大的柱墙以汉白玉雕砌，古色古香的楼顶镶嵌着土黄色琉璃瓦，雕梁画栋，飞檐斗拱，显得古朴典雅、气势宏伟。中门两边各置一尊威武雄健、栩栩如生的石狮子，中门楼下长宽相宜的兰底金字横额上镌刻的“徐福公园”4个汉字给人以壮严肃穆之感。

走进公园门楼，一尊徐福像迎面屹立。徐福像高1.9米、重1.5吨，为草青色花岗岩精雕而成。石像头带冠，身着禅衣，双手袖在宽大的衣袖内，足着履，站在1米高的镌有“徐福像”3个字的花岗岩石座上，面带微笑，宽厚慈祥，好似热情地迎送来园观光的每一位游客。这尊石像作为徐福公园的象征，无时不在向人们展示徐福的伟大形象，启迪人们发怀古之幽思。

徐福石像左侧建有小巧玲珑的半园形水池，名曰“不老池”。池边种植7棵天台乌药树，水里游弋着7条鲤鱼，池上搭有按北斗七星形状排列的石桥，石桥旁立有7根石柱，石柱上分别刻有“和”“仁”“慈”“勇”“财”“调”“壮”7个大字。

天台乌药植根沃土，长生不老之精髓通过根茎、土壤渗入池水中，“不老池”即由“长生不老泉水之池”而得名。池中的7条鲤鱼，象征着徐福的7位重臣。7根石柱上的7个大字，代表7位大臣所具备的品德。

进入徐福墓园，一对憨态十足的石雕幼狮分站甬道两旁，似守卫徐福神灵，亦似在欢迎拜谒徐福墓的来客。墓园内徐福墓、徐福显彰碑、七塚之碑坐落其中，向人们述说着2200年来经久不衰的徐福的故事。

公园内有一块1966年兴建的“绝海和太祖之诗碑”，高0.9米，宽1.24米，由花岗岩制作而成，左边镌日本入明僧绝海中津的诗，右边镌明太祖朱元璋的赐和诗《应制三山》。此碑为旅日华侨和徐福的众多崇拜者共同赞助而建，它在向人们追溯中日民族友好历史的渊源，亦是在向人们作“中日两国人民要世世代代友好下去”的无声呐喊！

公园内的管理大楼为中国现代建筑风格，故有“中国式管理大楼”之称。楼内陈列着有关徐福的资料，并出售有关纪念品。小卖店内，陈列的以徐福名字命名的菓酒“徐福罗曼”和“徐福茶”（加入徐福寻求的天台乌药，是独创的徐福品牌）尤受游客喜爱。

徐福登陆地纪念碑坐落于蓬莱山南侧约100米处的熊野川河畔，高大雄伟，造型别致。下为四椎体，上为立方体，顶端罩一顶漂亮的“帽子”，通体像一座高大的航标灯。椎体部分以大理石自然镶嵌，上部以花岗岩精雕，高大的椎体上镌“秦徐福上陆之地”几个大字。上部镂成中空部位安有电灯。此碑为寻找长生不老药而来的徐福一行登上第一步之地点的标志。

中国赣榆徐福祠落成不到10年，新宫市就兴建了这么多寓意深遂的徐福人文建筑，可见徐福在日本、韩国、中国影响之深远。新宫市已名副其实地成为日本与中国姻缘最深的城市。

活动探究

1. 阅读徐福的传记，了解徐福。
2. 参加一次“徐福节”，参观徐福故里——徐福祠，进行徐福故里文化探究。
3. 采访暑假中日交流代表团的同学，交流参观新宫徐福公园的感想。

第五节 蔡陶门 说《红》宗师

蔡陶门，名蔡士杰，字陶门，祖居灌云县大伊山，后迁居板浦，是我国历史上最早说《红楼梦》的宗师。《红楼梦》是一部伟大的现实主义古典名著。问世以后，评、题、图、咏，真是多不胜数，不一而足，蔡陶门以口头说书形式说《红楼梦》，赢得市井平民和文人骚客点首称道。

文学品鉴

蔡陶门说《红》

孟宪珊

才人说梦满庭芳，玉色全声各自扬。
聚散何心愁浅浅，缠绵无语泪盈盈。
生来莲子心原苦，死傍梅花骨亦香。
最是不堪回首处，未将四壁图西厢。

蔡陶门《红楼梦说梦》题词

吴振勃

才子才当说梦人，痴情慧业两无伦。
闲浇白堕奇堪赏，已倒红楼事一新。

乡溯温柔原细腻，论关家国即经纶。
凭君香吐青莲口，只恐难消色界尘。
元箸超超一卷文，南华妙笔有芳芬。
多情种子怜顽石，绝世佳人化彩云。
琴旨贵于弦外领，钟声如向夜深闻。
风流幸得亲谈尘，四座惊霏玉屑纷。

蔡陶门说《红》

《红楼梦》是一部伟大的现实主义古典名著。问世以后，评、题、图、咏，真是多不胜数，不一而足。但以口头说书形式说《红楼梦》，并能赢得市井平民和文人骚客点首称道的实属罕见。然而在古海州历史上就出现了蔡陶门这样一位说《红》宗师，且是我国的“说《红》第一人”。蔡陶门曾考中秀才，但乡试未中，由于资历深优而食廪，故称“廪生”（即由州学发给粮米，补助生活费用）。此人天资聪慧，才高学博，工于词赋，论若悬河，在乡里颇受人尊敬，故后世学子还将他列入故老上层人物一类作传。（见清《朐阳纪略·故老集》）

蔡陶门科举失意屡试不中。在他第三次赴江宁参加乡试时，途经江都靖家营一亲戚家，偶然见到一部线装手抄本《红楼梦》，共有厚厚的十册，是由十九分册合并装订起来的，乃全书八十回本。《红楼梦》在清代乾嘉时期是部禁书，一开始就不准刊刻，靖家营哪来的手抄本呢？原来靖氏祖籍辽阳，祖上是随军进关的旗人，其祖是清朝四品武官，因战功卓著，才被皇帝赐以这个意为平定、安息的“靖”字为姓。《红楼梦》作者曹雪芹的祖父曹寅任江宁织造兼两淮巡盐监察御史时，就有靖氏族人带领人马负责沿京杭运河往京城押运皇

清孙温绘全本《红楼梦》

粮贡品的事。曹寅的职责是为皇家敛税银贡品，而且曹家祖籍也在辽阳。靖氏家谱上曾记有一位曹氏先妣。靖氏后来带领人马在江都一带屯兵种田，故有靖家营这个庄园。文学巨匠曹雪芹在贫困中写下了《红楼梦》，因当时不能刊印，在至亲好友之间转抄流行也在情理之中。蔡陶门见到此书，如获至宝，常常挑灯夜读。他读至精彩处不禁击节，悲伤处附以泪流，早把赶考之事忘得一干二净。他一不做二不休，待在亲戚家不走了，费了些许岁月，将《红楼梦》全部抄写一遍，带回伊山。他将该书读得滚瓜烂熟，以说唱形式，添枝加叶，在文人墨客茶余酒后时、市井平民纳凉休息间，充分发挥他高超的艺术口才表达出来，似开渠引水，涓涓细流，使全书内容徐徐沁入人们的心脾。在说《红楼梦》某些回目时，他还自编一些诗词，穿插其间，增加听众兴趣，引人入胜。如说到潇湘馆，他便以《念奴娇》填词云：

红尘小谪，恨今生，误了玉京仙宇。回首红楼当日梦，勾起柔情千缕。汲水浇花，添香拨火，十二钗曾聚。万竿修竹，潇湘风景如许。我亦惋惜颦卿，葬花诗名，血泪迸红雨。名士多愁工寄托，拼为佳人辛苦，痴忆茫茫，空花草草，且自调鹦鹉。问谁相与，回肠转出凄楚。

蔡陶门说《红楼梦》深受人们欢迎，缘于他能用简洁的几句话把一个复杂的场景活灵活现地表达出来，使人听了如身历其境。如大观园那庞大而曲折的景致，他用寥寥数语便让人一览无余：

园门南向，门后假山。横额曰曲径通幽。拐弯右向长廊，过曲桥达沁芳亭。亭西北为宝玉居处怡红院。院东为黛玉所居潇湘馆；院西为宝钗居处蘅芜院。蘅芜院之西为藕香榭。榭北隔水与芦雪亭相对。

立藕香榭南眺，见栊翠庵隐约于绿树丛中。沿庵外溪流北行，抵稻香村。再往后深处，有高楼崇阁，正中者为大观楼。楼东是缀锦阁，楼前竖有省亲别墅牌坊。大观楼倚青山为衬也。

蔡陶门以廪生身份说唱被当朝禁止刊印的书，当然是要担风险的。不过这种书当时仅在传抄阶段，知之者仅限于京师，下面府州县地区还未听说过有《红楼梦》这部书呢！就全国而言，伊山和板浦人是幸运的，先听为快。时隔二百余年，蔡陶门说红楼的余音在海州地区尚未绝没，屐痕处处。如民间俗语“拿你当李纨呢”。李纨是《红楼梦》贾府正宗正支的人物，是大观园十二裙钗之首，但却不受重视。这句话的意思是没拿你当主要人。又如对打扮入时的姑娘不满的俗语：“你个丫头像吸（袭）人哪！”还有一些歇后语：“林黛玉哭鼻子——左一把，右一把。”“外甥打灯笼——照旧（赵舅）。”赵舅，是贾政偏房赵姨娘的兄弟，贾环的舅父，名叫赵国基。再如，人们在不明真相，突然得知，恍然大悟时便说：“大观园戏班子——皆是女的。”因为旧时演员都是男的，而大观园12个戏子，虽然取名叫“文官”“宝官”“龄官”“药官”，像男生名字，其实都是女演员，如此种种。这说明，蔡陶门说唱《红楼梦》的艺术生命力在人们心中是不可磨灭的，其佳话长久流传于后世。

活动探究

1. 读一读有关蔡陶门说《红楼梦》的书，谈谈对《红楼梦》的理解。
2. 小组内开展说《红》研讨会。

第六节

版画大家彦涵

在中国当代美术史特别是木刻艺术史上，有一个人们很熟悉的名字——彦涵。这位享誉海内外的人民画家正是我们连云港东海县富安村人。他的绘画，尤其是他的版画作品，至今在国内外都有巨大的影响力，并被收藏于世界各大知名美术馆和博物馆。1994年，彦涵美术馆在连云港市建立。

文学品鉴

想起了家乡的山和水

彦 涵

我的故乡在苏北平原上的连云港市东海县，地名富安。“富”倒是不错，小小的一个村落，聚居了十几家财主；“安”却是未必。当时我家境贫寒，为了求学和谋生，没有一天不是在动荡中生活的。尽管如此，摒弃那些不幸的遭遇，故乡留给我的仍是数不尽的快乐与美好的记忆。

故乡的村边，是激流湍湍的蔷薇河，河上航行着进出海口的大船。每天涨潮，潮头浪高丈许，汹涌澎湃。这时，满河的号子声连成一片，渔民们逆流操作，随波起伏，非常壮观。

离富安村不远的古海州城南面，高大的锦屏山迎面而立，它如同画面般横列在地平线上。山上将军崖岩画，是旧石器时代的遗存，为我国最早反映原始社会东夷部落生活的写照。山脚不远处，平地凸起一座不大的白虎山，上面尽是堆砌着的又圆又大的石头，号称“石馒头”，它是吸引我常去攀登和写生作画的地方。山上有张叔夜登山观海的题名碑，他在海州捉住了宋江等起义英雄，常常自诩为一生中最得意的事情。白虎山下，每年农历四月初八的庙会相当热闹。我总是不放过赶会的机会，还要在会上买一杆“花刀”或“花枪”等木制玩具带回家来。

白虎山东几千米路远处的孔望山，过去默默无闻。我在海州读初中时，为了探求一下宋江的被擒地点和被擒过程，曾到过那里两次。虽然没有找到答案，却有缘见到了孔望山的古代摩崖造像。当时人们还不了解它的艺术价值和历史价值。近年来听说已被专家确认为是东汉时期的作品，是我国最早的佛教造像，比敦煌莫高窟还早两百年。

“东海第一胜境”云台山，气势巍峨，云烟缭绕，是明代作家吴承恩《西游记》中齐天大圣孙悟空的家乡。那水帘洞、花果山，着实令人喜欢到那里去游玩，好领略一下机智勇敢的大圣精神。我少年时多次攀登，颇有意趣。

现在的连云港已成了对外开放的港口，西倚九州，东临四海，赫赫有名。但在我小时候，它还是个仅有少数村落、人迹罕至的地方，那烟波浩渺的大海，点点的归帆，附近岛上的成群海鸟，给我留下的印象是极其深刻的。

背井离乡，转瞬将近半个世纪。故乡那忧郁、荒凉的面貌，经过时代的洗礼，早已消失殆尽。我们一代人的头发斑白了，而故乡却焕发了青春，她是那样的意气风发、容光照人。

作为一个画家，我现在仍然特别喜爱画波涛滚滚的大海、风吹浪打的礁石、白帆、海鸥……这一切的诗情、画情、乡情，以及最初的精神赐予和启迪，都来自那腾飞的故乡，我的母亲——连云港。

走近彦涵

彦涵，原名刘宝森，1916年7月29日生于江苏省东海县（海州）城北富安村一户刘姓贫民家中。1938年，彦涵离开就读的杭州艺专奔赴延安参加革命，在革命队伍中从事版画的学习、创作和宣传工作，并参加了敌后抗战、土地改革等革命活动。1949年7月2日，他在全国第一次文代会上当选为全国文联委员，后参加杭州国立艺专的接收工作并任教。1950年，彦涵调任北京中央美术学院中央美术学院绘画系教授、主任，并在新中国成立初期和抗美援朝中创作了大量版画作品。“拨乱反正”后，他于1979年再度当选全国文联委员、中国美协常务理事和书记处书记，还兼任中央美院连环画系主任、中国版画家协会副主席。

彦涵像

彦涵自幼家境贫寒，到了读书的年龄，靠家里借债和亲友的帮助，上了新浦普爱小学。这时，他开始临摹年画以及《三国演义》《水浒传》等书里的插图。1932年，彦涵小学毕业，进入江苏省立东海师范学校初中部读书。1935年，在亲友的资助下，他考入国立杭州艺术专科学校绘画系预科，师从林风眠、潘天寿等知名教授，学业大有长进。抗日战争的爆发改变了彦涵的生活道路。当学校沿浙赣铁路西迁到长江流域以后，他与同学们自发地组织抗日救亡宣传队，写标语，画漫画，到处发表抗日演说，热情高涨。在此期间，他接触到一些革命书籍，还听到中共驻湘代表徐特立的报告，便毅然离开艺专，奔赴延安。1938年7月，他终于到达延安，进入鲁迅艺术学院美术系学习。同年10月，他加入了中国共产党。从此，他在人民革命事业中找到了自己的位置。

1938年11月，彦涵参加了鲁艺木刻工作团，随军开往太行山敌后抗日根据地，从事木刻艺术工作，历时4年之久。他和八路军战士一起在火线上冲锋，一起转移。他除了为《新华日报》（华北版）刻制版头和插图外，还创作出一些具有历史意义的人民武装斗争画卷，其中独幅木刻《亲临前线指挥的彭德怀将军》曾荣获1941年边区文艺一等奖。1943至1945年，彦涵在鲁迅艺术学院美术系任教。敌后军民可歌可泣的战斗生活，如同山泉般奔涌到他的刻刀下，倾泻在木板上。这时期他的作品有《当敌人搜山的时候》《狼牙山五壮士》等。1946至1948年，彦涵任华北大学美术系教员，又经受了解放战争的洗礼，并3次参加“土改”工作，创作了《向封建堡垒进军》《这都是农民的血汗》《诉苦》《审问》《选举》《医疗所》等作品。

彦涵作品《到敌人后方去》

1949年初，北平和平解放，彦涵随部队进入北平，参加了军管会的工作，曾复制了一批解放区的新年画，在城市中传播，产生了广泛的社会影响。在第一次全国文代会上，他被选为全国文联委员。不久，彦涵回到母校——杭州国立艺专任教，兼任该校预科主任。在此期间，他创作了连环画《翻身前后》、木刻《轻伤不下火线》《舍身炸碉堡》等作品。1951年，彦涵调回北京，任中央美术学院教授。1953年，彦涵赴朝鲜战场访问。同年，他参加第二次全国文代会，被选为全国美协理事，并任版画组副组长。1954年，他调到全国美协创作室工作。这期间，彦涵创作了《攻克天险的中国人民志愿军》《治淮民工》《牧羊》《土地》《刘胡兰》《炼铁厂》等木刻作品，并为《新儿女英雄传》《志愿军英雄传》和刘白羽的《春》等作品设计插图。他还为天安门广场人民英雄纪念碑设计了《百万雄师渡长江》的浮雕构图。

据统计，彦涵一生共创作了800多幅木刻，画了200多幅中国画。他在国内外举办过数十次展览，许多作品被俄罗斯、美国、日本等国的一些著名博物馆收藏。他的主要出版物有《彦涵木刻选集》《彦涵版画》《彦涵画辑》和《彦涵插图选集》等。

1990年，在连云港市博物馆院内新建了一座彦涵美术馆。此馆已成为彦涵作品的收藏中心、陈列中心和研究中心，也是其他美术工作者作品展览和学画后辈作品汇报展出的理想场所。

活动探究

1. 查阅资料，参观连云港彦涵展览馆，了解彦涵及其作品。
2. 采访学校版画组成员，交流对彦涵版画的理解。
3. 开展“我为家乡做什么”演讲比赛，鼓励大家选择一位连云港名人并为他写传记。

第五章
民俗文化

第一节　海州五大宫调

第二节　淮海戏

第三节　海州童子戏

第四节　连云港方言

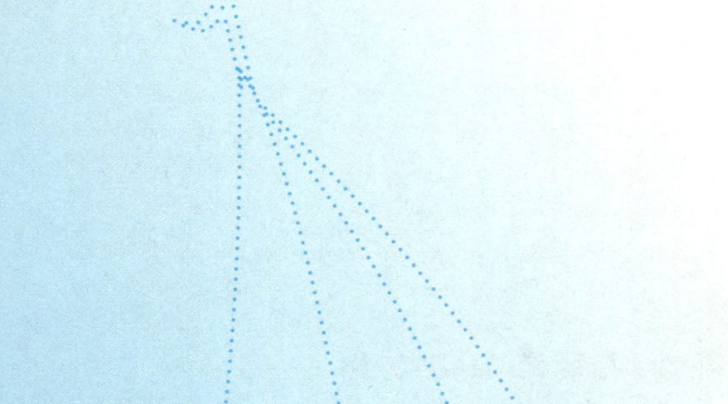

第一节

海州五大宫调

海州是江苏省连云港市的古称，海州五大宫调是指软平、叠落、鹂调、南调、波扬5种曲式，可以用来表达不同故事和情绪，是介于戏曲与曲艺之间的一种民间艺术，距今已有千余载。海州五大宫调是中国明清俗曲的一份珍贵遗产，历史悠久，是江苏明清俗曲重要的一脉，是古老的“诸宫调”宝贵的遗存，对中国民间音乐乃至民间曲艺的研究具有难得的实证价值，有着相当高的历史、文化、科研价值，现已被列为国家级非物质文化遗产保护项目。它是盐文化，乃至海洋文化的一个重要组成部分。

文学品鉴

[叠落曲]连云港自然美景

徐毓珍

[叠落曲]东磊山上有延福宫，山上奇石多变真好看，山泉银水儿瀑布到处有，玉兰的花树称第一，秋季花开香万里，游人来到都忘还。

[鹂调]《娃娃忆》中的传统儿童游戏

张仲樵

[鹂调]俏人儿我与你原来是垂髫姊妹，曾记得踢毽时一递一回，藏蒙蒙踢

球打牌天天聚会。

[罗江怨]纱窗外月影西，搀朗朗格格地，哎呀！打一个歪歪蹲到地。

[粉红莲串双叠翠]单等到豆角长到三月三，荠菜花开赛过牡丹。踢脚搬搬踢到南山，摸瞎子人儿蒙着两只眼。人儿小心肝。秋千架下我俩去玩玩。玩的是泥弹，泥弹背来罗罗。打陀螺放风筝。扛扛轿子去抬人。一点一回绑瘸腿，一点一回去拿人。

[鹂调尾]可记得摸弄摸弄车？车哎！那时节不捉龙头偏偏去捉龙尾。

艺术特点

海州五大宫调的曲调保持着自身的特点。海州五大宫调按其传统曲牌来区分，可分为大调和小调两类。大调多为单支，主要曲调有《软平》《叠落》《鹂调》《南调》《波扬》以及《马头调》《满江红》等。大调的特点是委

海州五大宫调演出现场

婉细腻、节奏舒缓，类似昆曲的赠板，演唱时字少腔多，有一唱三叹之感，多用于抒情。唱词典雅华丽，明显源自宫廷，出自文人之手。海州五大宫调中还有近一百首小调，多为明清小曲，如《叠断桥》《凤阳歌》《闹五更》《杨柳青》《打牙牌》《急口令》《京垛子》《补缸调》《刮地风》《剪靛花》《打枣竿》等，几经传衍仍保存完整。小调和大调的风格截然相反，它节奏明快、字多腔少、长于叙事。小调和大调一样，既可单独演唱，也可和大调连缀，组成套曲，演唱各种故事。

海州五大宫调按其结构划分，又可分为单支和套曲两个系统。单支是独立的曲牌，其主旋律是固定的。每一个曲牌都可以按照一定的格律填写各种唱词，主要有《满江红》《叠断桥》《凤阳歌》《鲜花调》《小郎儿》《倒板浆》《剪靛花》《杨柳青》《莲花落》《马头调》《孟姜女》《玉美人》《粉红莲》《太平年》《小玉娥郎》《八段锦》《打牙牌》《梳油头》《摘石榴》《梳妆台》《泗洲调》《闹五更》《西北乡》《寄生草》《刮地风》《剪靛花》《京垛子》《哭皇天》《银纽丝》《绣花灯》等数十个，还有《软平》《叠落》《鹂调》《南调》《波扬》五大经典曲调。无论大调或小调，单独演唱的均为单支。

海州民众演唱小曲的习俗由来已久。明代嘉靖、隆庆以后，海州五大宫调逐步形成并走向成熟，随盐业河运广为流传。由于地处苏、鲁接壤处，海州成为江淮方言和北方方言的交汇地带，历史上南北方的小曲杂调均在此流传生根，呈现出既融会贯通又诸调杂陈的

海州五大宫调培训讲座

特色。因交通闭塞等历史原因，这里的民间曲调很少受其他艺术形式的影响，各类曲牌得以世代相传并完整保存。

海州五大宫调演唱以自娱为主，坐唱，时而加少量对白，不化装，也无表演动作。演唱时少则二三人，多则十余人，大多是一人演唱，多人伴奏，也有两人对唱。玩友们多在“小曲堂”集聚，传授曲目，切磋技艺，吟唱取乐，称之为“碰曲”。常用的伴奏乐器有二胡（正反宫两把）、琵琶、月琴、三弦、箫、檀板、碟琴等。伴奏使用瓷碟和瓷杯相击，打出“叮叮当当”的节奏，听来别有风味。

海州五大宫调历史悠久，积蕴颇厚。一些明代的小曲如《寄生草》《山坡羊》《打枣竿》等仍保存完整；在江浙地区几近失传的乐曲如《马头调》等也可以在这里找到传人，其唱词竟与《白雪遗音》中记载的基本相同；一些演唱难度很高的集曲至今仍有人在传唱。1980年后，由于社会环境发生变化，五大宫调等乐曲已渐呈濒危状态。海州五大宫调是我国明清俗曲的一份珍贵遗产，它的发掘保护将对明清小调研究产生积极的推进作用。

活动探究

1. 采访传承海州五大宫调的老艺人，出小报介绍海州五大宫调。
2. 有兴趣的同学可以学唱海州五大宫调，在学唱的基础上加深对海州五大宫调的理解，撰写学唱心得。

第二节

淮海戏

国家级非物质文化遗产保护项目——淮海戏，是江苏省主要地方戏曲剧种之一，流行于连云港、淮安、宿迁及徐州、盐城部分县区。淮海戏的形成已有两百多年的历史。相传清代乾隆年间，海州（今连云港市）一带流行由秧歌号子发展而来的《太平歌》和猎户所唱的《猎户腔》，有邱、葛、杨（一说张）三人将其加工润色为《怡心调》和《拉魂腔》，并以此来演唱农村生活和民间故事。后邱去淮北，形成泗州戏；葛去山东，形成柳琴戏；杨留在海州，形成淮海戏。

走近淮海戏

1830年前后出现淮海戏演出班社，至1880年后达到一个兴盛阶段，东海、灌云两县就有一百多个班社，从艺者达千人。1940年，淮海戏艺人成立了“艺人救国会”，在党和抗日民主政府的领导下，编演《小板凳》《大后方》《三星落》等一大批现代剧目，发挥了宣传队和战斗队的作用。

淮海戏音乐唱腔丰富多彩，深受广大群众的欢迎。女腔以《好风光》为基本腔，以《二泛子》等为辅助唱腔；男腔以《东方调》为基本腔，以《金风调》等

淮海戏舞台照

为辅助唱腔。唱腔的特点是乐句的尾突然翻高八度且要腔，具有拉人魂魄的艺术魅力。淮海戏的传统剧目数量可观，有“三十二大本，六十四单出”之说，其中《皮秀英四告》《三拜堂》《催租》等久演不衰，在苏北地区家喻户晓。淮海戏的一些表演身段明显脱胎于苏北农村生活，具有浓郁的乡土气息。

现江苏省有专业表演团体6个，其中连云港市有3个。连云港市淮海剧团成立于1962年，至今已有52年历史。2006年，淮海戏入选江苏省非物质文化遗产保护名录，并申报国家级非物质文化遗产保护项目，2008年初成为国家级保护项目。

艺术特点

“淮海戏”是19世纪三四十年代逐步形成的名称。“淮”和“海”概括了这个剧种的发生、发展和全部艺术特征。淮海戏原来叫“小戏”，又叫“拉后腔”和“拉湖腔”（拉魂腔），它以淮海、黄海之间（主要为海州地区）人的形象和语言作为舞台造型、舞台语言的基础，把这个地区的民间小调、渔民号子和农民打嘞嘞等加以艺术上的综合提高，作为唱腔曲调，地方色彩十分浓厚。淮海戏班子不大，行动方便，道具简单，演出灵活，不仅适合群众口味，而且适合随时随地演出；通常五六个人就能凑成一个戏班子，乐器只有锣鼓、三弦和柬板，道具只有为数不多的刀枪、马条，旦角靠小纸扇、围裙和手帕（俗叫“手帕捏子”）的变换来诠释角色，生角则主要依靠对长短不同的戏胡子交替使用，正如俗话说的“全部家当一担挑”；每到一个地方，只要两条板凳，地上放一张芦苇席子就可以唱戏；淮海戏艺人都是多面手，起手能上场唱戏，坐下能拿起乐器伴奏，而且手中奏乐，还可以随时参与场上对白。淮海戏深受广大群众欢迎，它在民间有广泛的群众基础，特别是抗日战争开始以后，当地几乎乡乡有业余淮海剧团，庄庄有三弦、柬板声，人人会哼几段小戏调，成为教育群众、激发爱国热情的一个重要手段。

淮海戏艺人内部有严格的行规行俗，主要有以下几个方面：

信奉祖师爷“老朗”。淮海戏的祖师爷是唐明皇，但艺人内部口头上说成“老朗”，把自己的祖师爷也“地方化了”，源于当地人对所有年长的人都尊称为“老人家”或“你老人家”，经过变音成为“朗人”。供奉老朗的形式是：用一尺八寸长、一尺宽的黄绫，上下镶以一寸宽的白绫边，并穿上木轴便于悬挂，在黄绫（俗叫“堂子”）中间竖写“老朗”二字，两边悬挂一副对联“金枝玉叶梨园主，龙生凤养帝王家”。平时“老朗”挂轴要收藏在大衣箱内，不准任何人坐在箱上。每年腊月三十晚上悬起“老朗”，摆设香案，烧黄表纸，磕头礼拜；平时艺人中若有伤风败俗、违规乱纪的事发生，亦要悬起“老朗”，由犯错人在老朗前烧香罚跪，表示改正。无论何人何事，到了老朗面前都能得到解决。平时艺人之间发现有人不轨，就警告说：“非叫你跪‘老朗’不可。”老朗成了至高无上的神圣权威，艺人收徒时，要悬起“老朗”，摆设香案，点烛，烧香；徒弟入门要先向老朗磕头，然后再向师傅磕头，并跪在老朗面前听师傅训话；每年正月第一次唱戏时，一定要悬起老朗，演员化装登台前都要向老朗磕头。

淮海戏艺人很讲究戏风行规，称自己是“勾行”。素不相识的同行，只要见面后当胸抱拳，恭敬地连声说“诸位辛苦，特来望候”，再说明自己是“勾行”，对方就一见如故，视若知己，互相帮助解决困难。日常生活中，老师谈话，徒弟不许参言。戏班子内很讲究师亲道友，不准多言冒语，不准轻狂浮飘，不准吃里扒外；严重伤风败俗的，要受到挖眼或打断腿的处罚；行规是“台上无大小，上了席子（表演时铺地的席子）一切不讲究”，父女可以扮兄妹，母子可以扮夫妻，下台以后，则男女界限十分严格。

淮海戏演员舞台照

一切言行图吉利、避忌讳。每年腊月三十晚上要“封箱”，把所有服装、道具统统收在箱子内，且各个箱内都要放些糕和糖果，使正月开箱就见“（糖）果然是高（糕）”。开箱第一台戏必须加演一出刘晨、阮肇上山采药的神话戏，叫“天台”，戏班子转移出发时，要尽量避开乱葬坑，若在途中遇到抬死人（俗叫“出棺”）的、乱葬坑中露尸（俗叫“芦席包”）的，梦到或真的见到河中鱼跳，都被认为是吉兆、有财气；如转移出发前夜有演员梦见掉了牙，则认为是恶兆，要改日再出发；如早晨出发遇见了兔子，则全班人马回头不走了。

淮海戏有一整套行话。为了保证本行内互通情况且不致外传，老艺人内部形成了一整套行话，又叫“黑话”。例如：师傅——丿巾家，徒弟——雏子，同行人——勾子，兄弟或姐妹——挨肩子，丈夫——盖老爷，妻子——溜巴，外行人——老斗，大锣——海轰子，小锣——展轰子，三弦——蟒，二胡——爬山子，柬板——云游子，马条——披鬃子，锅——蜗隆子，盆——包老断，碗——莲花，筷子——抢场靶子，干饭——馓子，鱼——必家子，猪肉——楼柜子，菜——来摺子，帽子——钻天子，衣服——来飞子，裤子——鞘子，鞋——登云子，袜子——镰刀鞘子，茶——六安子，喝水——担合，讲或问——查号，烟——草家子，回家——马回，山——万丈，河——青龙，走或跑——翘，抢或抓——扑扑通，打死——治冤了，大便——爬桥，小便——摆缕子。各个数字都有俗称的代号：一“溜”，二“思”，三“羊”，四“制”，五“换”，六“龙”，七“星”，八“爬”，九“纠”，十“秃千子”，除秃千子外，其余各字都要加尾音“撇”字，如“溜撇”“思撇”。

活动探究

1. 请连云港淮剧团的专家来做讲座，出海报介绍淮海戏。
2. 有兴趣的同学可以学淮海戏，在学演的基础上加深对淮海戏的理解，撰写学戏心得。

第三节

海州童子戏

海州童子戏又称“乡人傩”“烧猪”“嗬大海”，由古老的祭祀舞蹈演变而来，与巫术有密切关系，同时也是一门多功能、多学科的民间艺术，它和人类学、艺术学、宗教学及医药保健学等都有着密不可分的关系。海州童子戏源于周代的乡人傩，其古朴而粗犷的气质，透露出人类生活的原始信息。作为一个古老的剧种，海州童子戏显示了艺术研究的“活化石”价值。至清代中叶，它逐步完成了从娱神到娱人的过渡，发展为一种戏剧样式。目前海州童子戏仅存一个半职业性的海州童子戏剧团。现存民间艺人采访记录数十份，唱腔录音20余小时，照片、面具、大刀等部分实物。《中国戏曲音乐集成·江苏卷》收录了海州童子戏的13个唱段。2006年，海州童子戏成功申报为省级非物质文化遗产。

文学品鉴

海州童子戏：古老神秘“活化石”

天作（呵）棋盘星作子，地作（哎）琵琶（哎）路为弦，风是波浪云是水，日月如梭（是）两只船。

——童子戏《烧猪·请王忏调》

夜幕下，20世纪80年代初的一个夏日，云台山下一座简易的乡村戏台上正在进行着一场精彩的演出。

台上火把闪烁，锣鼓铿锵。一位扮演神将的演员，手挥钢刀，勇斗一个脸带面具的女妖。女妖挥着双剑逼来，神将口中喷出一团烈火扑向女妖。女妖化作一团烟雾，烟雾中显出一位老妖的身影，老妖作法救出女妖，一挥手又召来一群小妖。小妖口喷火苗，将神将围住。神将大吼一声，在一团烈火中自焚……

台下观众悄然无声，这是一个古老而神秘的剧种——海州童子戏在演出它的传统戏《火烧张遥公》。

海州童子戏与巫觋活动有着密切的渊源关系。在将军崖岩画中就发现许多巫术的形象和“皇舞祭天”“执干戚舞”的傩舞场面。1983年在桃花涧出土的汉画像石中，就发现了汉代傩舞中的方相氏画像。它的演出长时间保留着许多傩祭的仪式和敬神许愿的传统习俗。至清代中叶，童子戏演出日趋盛行，大致可分为东西两路，东路沿云台山一带分布，称“海里童子”，以俞果班社最为有名；西路多流传在海州以南一带，称“南山童子”，曹三（汝殿）、佘三（之山）和陈三（汝强）称雄一时。

新中国成立后，许多艺人不愿从事迷信活动，而剔除童子戏的迷信色彩后，其显示出的艺术和民俗价值，引起了许多学者的关注。1990年，在一次国际傩戏研讨会上播放了海州童子戏的录像资料，海州童子戏从此引起外界关注。日本学者诹访春雄、法国学者马赛及国内的学者纷纷来连云港市考察，相关文章先后在知名杂志发表。

（作者为王川、高伟、鲁文，出自《苍梧晚报》）

艺术特点

和淮海戏一样，海州童子戏也是深受群众欢迎的一个地方剧种。它不仅用海州方言作为舞台语言，而且唱腔曲调——“童子调”的古典调就叫“嗬大海”，唱法是四句一转头，与渔民号子“嗨——啊”及农民打嘞嘞“啊哈嗨”的腔调、节奏极为相似，只是稍多艺术性和节奏感，故男女老少都听得懂，都爱听。童子戏传统剧有三十目四大本，六十八单出。许多剧目虽然名称不同，但基本主题大体一样，用神话传说的形式，劝人为善，劝人孝悌，故童子戏艺人自称“善行”。童子戏伴奏只有锣鼓和大、小钹等打击乐，没有管弦乐，有的只用两只单面狗皮鼓加一只小碰铃。传统的演唱形式有：“台子戏”，化装在舞台上演出；“场子戏”，一张小桌两个人，敲单面鼓对面而唱；“堂戏”，在人家屋内唱戏；“打门头词”，演员一二人不拘，站在人家门前敲鼓唱一段戏文，讨点钱、粮，藉以生活。俗称童子戏为“大戏”，认为童子戏文雅、稳重、正统，是姑姑奶奶戏。一些封建思想严重的人，严禁家中妇女看小戏，但可以把童子戏请到家里专唱给妇女们听，或者由老奶奶带领女孩子们到戏场看。

童子戏演出现场

由于童子戏多与巫婆、神汉相联系，为民间消灾了愿，封建迷信色彩比较浓，在20世纪50年代初反封建迷信运动中，童子戏艺人纷纷改行学淮海戏，使这个剧种奄奄一息，濒临灭绝。现在如能抓紧扶植其人民性的一面，摒弃其封建迷信成分，这个剧种仍有复兴的可能，因为它适合广大群众的口味，受到群众的欢迎。

童子戏的行规行俗是很严格的。童子戏艺人信仰的祖师爷也是唐明皇，用黄纸糊成的一个"⊥"形灵位牌，上端涂成黑头子，中间写"唐明皇万岁"，两边写"侍奉香火"四个字，平时收藏在衣箱内，这个衣箱就是"主箱"，除小花脸外，任何人都不能坐在上面。童子戏艺人每年最忙的是腊月和正月，此时民间求安了愿的最多，但无论怎样忙，腊月三十晚上，要把所有的服装道具放入箱内"封箱"，封箱时要在每个箱内放些糕果，叫"开台高（糕）"或"开口高（糕）"。开台第一天要在后台供唐明皇灵位，演员登台前要向祖师爷磕头；开锣第一场戏必须唱神戏《岑香救母》和《韩湘子度妻》。

童子戏艺人内部有严格的行规行俗。不相识的同行艺人来到戏班内要严格按照俗规验明身份，外来人见主人时首先要当胸抱拳，谦逊地作揖，并说："唐众仙辛苦了。"班内人问："你是哪一行的？"答："善行的。"再问："你跟哪位跑腿（即问师傅名字）？"答："家师×庄×老先生，上边×字，下边×字。"回答完毕，走到唐明皇灵位前，点起三支香插入香炉内，再磕三个头，作三个揖，这样即被看成是受过正规教育的行内人，或入班唱戏，或相帮解决困难，走则欢送，留则欢迎，十分义气。

童子戏艺人平时不准别人乱动鼓，锣不准卡着放；睡觉时不准脱内衣，不准仰卧也不准俯卧，只准侧卧，俗叫"立着睡"；早晨起身严禁说龙、牙、虎、梦、雾、雷等；同行内形成一系列行话。例如：师傅——贵前人，徒弟——走家子，刀——青锋子，枪——红缨子，鼓——花腔子，锣——海幌子，大钹——痴子，柬板——云扬子，胡子——檐口，衣箱——措金子，多唱一点——海环子，少唱一点——剪环子，唱错——偏子，吃饭——担憨子，睡觉——垂头子，上雾——挂帐子，哑巴——偏月子。数字表达为“一‘条’，二‘思’，三‘称’，四‘治’，五‘摸’，六‘绳’，七‘纠’，八‘爬’，九‘艾’，十‘秃千子’”。

活动探究

调查市民们对海州童子戏的了解情况，为保护江苏省非物质文化遗产保护项目——海州童子戏献计。

第四节

连云港方言

连云港境内有两种方言：江淮方言和中原方言，占主体的是江淮方言。连云港市区、东海县一半、灌云县、灌南县、沭阳县、响水县属于江淮官话区（还有新沂市的一部分）；赣榆县、东海县另一半属于中原官话区。

方言特点

连云港境内的江淮官话差别很小，彼此通话均无问题，主要特点有：①z、c、s和zh、ch、sh不分，都读作“zh”“ch”“sh”（东海县分），这就是有些人说连云港话有卷舌音的原因。②n、l不分。③前后鼻音不分，即n和ng不分。④咸山摄分为3组，即普通话中读an的字，在连云港话中是分作3个韵的，如关和官、雁和燕均不同音，关和雁的韵是an，官的韵是uan，燕的韵是ian。这一条，可以说是江淮官话的根本特征。⑤有入声，但是一般没有塞音韵尾，靠音长来区别入声，入声音高为24，比阳平短，阳平的实际调值是35，但是这样一来，其他声调的调值也要改，比较麻烦，所以一般写作35，但是如此一来阳平和入声音长的区别就看不出来了。连云港话完整保存了古代的入声，无论清入还是浊入，这也是江淮官话的一个根本特征。连云港各地入声的韵母数量不太一样，少的7个，多的十来个。⑥没有儿化，可以说这是江淮官话和中原官话的最大差别，所以江淮官话和中原官话一听便知，连云港人仅仅凭借有没有儿化，就可以听出对方是来自江淮官话区还是中原官话区。

赣榆县人说中原官话，z、c、s和zh、ch、sh是分的，但zh会说成j，ch会说成q，sh和r会说成y，如“张主任吃肉”会说成“奖举印七又”的音。

从历史沿革看，东海县本来只有一小部分地区说中原方言，在解放后从山东先后划来几个乡镇，致使东海境内中原官话势力大增，现在东海县境内24个乡镇级行政区（包括农场）说江淮官话和中原官话的正好各占一半，各有12个。赣榆县说中原官话也是有历史原因的。连云港在未成为独立行政区之前，基本都属于东海郡，而赣榆县属于琅琊郡。连云港在南朝宋时成为独立行政区，上述的连云港市区、东海县、灌云县、灌南县、沭阳县、响水县均在这个行政区内，而赣榆县直到隋初才划归海州，大概那时方言区已经形成，所以赣榆方言自古与连云港其他地区不同。根据江苏统计信息网发布的《连云港各区县2003年国民经济和社会发展公报》看，连云港境内说江淮官话的人口数量为连云港市区69.88万+东海县57.17万+灌云县107.23万+灌南县72.71万=306.99万。说中原官话的人口数量为赣榆县107.91万+东海县一半57.17万=165.08万。可以看出，在连云港境内说江淮官话的人口比例约为65%，说中原官话的人口比例约为35%，所以说，今天连云港境内，2/3的人口都是说江淮官话的。

精彩范例

方言笑话

在南方的餐厅有一位连云港赣榆人不小心把服务员手中的餐具打翻了，忙赔礼说：“我不是单工的。”又解释说：“我的意思是说我不是得位的。”

服务员还是不解，赣榆人又说：“我不是故意的。”服务员恍然大悟，原来“单工的”和“得位的”意思都是“故意的”。

方言笑翻天

又有几位连云港灌云老乡在外地出差，到饭店就餐，带队的对服务员喊到：“小姐，过来。”服务员走过来，带队的指着啤酒瓶盖对服务员说：“小姐，请你走开。”服务员回头走了，带队的又对服务员喊道：“小姐回来。”服务员走回来，带队的又指着啤酒瓶盖对服务员说：“小姐，请你走开。”服务员又要回头走，带队的急了，喊道：“小姐，怎么回事？我叫你把瓶盖走开，你为什么不走开？”服务员一脸茫然。原来“走开”是“打开”的意思，赣榆方言则说“轴开”。

方言俗语

1．名词

下晚新（下午）、白相耿（颈下）、家天着（庭院）、当门地（住宅的大门口）、小大姐（未婚女子）、小大哥（未婚男子）、石刀（菜刀）、大赖雕（大老鹰）、马鹰（蚂蚁）、缺陷（蚯蚓）、色溜着（小石块）、国动（骨头）、劲疙瘩（青春痘）、家天着（庭院，家院）、当门地（住宅的大门口的空地）、银开着（硬币）、阶溜着（知了，蝉）、小炮子（很调皮的小男孩）、小揪着（小男孩）、老满着（老奶奶，老太婆）。

2．动词

倒眼着（倒垃圾）、揣面（和面）、排特（踢他）、叉故叉故（商量商量）、合合特（吓吓他）、驾势（鼎力相助）、可跌（摔倒，摔交）、辍点辍点（收拾，整理）、穷跌百（炫耀，骄傲）、剩人（恶心人）。

3．形容词

嗡臭低（很臭）、聘想低（很香）、焦栓跌（很酸）、吼咸跌（很咸）、鹅苦跌（很苦）、鲜甜跌（很甜）、苦勒跌（很辣）、意歪（非常恶心）。

4．短语

我活你（我打你）、开水脱的（开水烫的）、呼山芋吃（煮山芋吃）、俺么呢（是的呢）、总只的哎（怎么了）、把腰显着（把腰扭着）、该拜第（无法预料的，上天安排的）。

5．句子

欺了买（吃了吗）？该败了，将区去就遇班举印了（真倒霉，刚出去就遇班主任了）。跟你薛话今费社（和你说话费事）。大家要七好哈好，也不能卡了，不咬沃着（大家要吃好喝好，也不能渴了，不要饿着）。一个老满着对一个小揪着在拐隔垃擦寡（一个老太婆在跟一个小孩聊天）。

活动探究

1．搜集连云港方言俗语，了解连云港方言的特点。

2．思考连云港方言的形成原因、连云港方言与普通话的关系、方言对学说普通话的影响。

3．创作一则方言小品（笑话、相声、绕口令等），并且用方言将它表演给大家看。

4．选读一些语言学著作，并结合现实讨论如何面对网络语言、外来语言等对方言造成的影响。

后 记

连云港是我的家乡。我在连云港教学已经20多年了，为家乡编一本教材，一直是我多年来的愿望。在多年的校本课程教学中，我一直关注并实施连云港“本土文化”校本课程的教学。但因理论的缺乏，一直没有形成一套完整的课程体系。2004年1月，在省教育厅的选派下，我去澳大利亚考察了他们的母语教学。2005年10月，我考入南京师范大学文学院进行教育硕士的学习。在各位教授的精心指导下，我的课程教学理论学习有了很大的提高。在导师沈新林教授的指导下，我进行了连云港“本土文化”语文校本课程的开发和研究工作，并下决心编写一本连云港“本土文化”语文校本课程教材。在一年多的材料准备和写作过程中，通过对连云港本土文化资料的收集、整理、阅读，我深深地为家乡文化的独特气质所折服，并深刻感受到这本教材在当下的价值和意义。可以说，对家乡文化的亲切感和自豪感，是我完成此书的动力之一。

2009年，我申报了江苏省第八期课题并立项，在课题研究的过程中，我对本书进行了进一步地修改和完善，2011年，《“草根文化”背景下语文校本课程的开发与实施研究》顺利结题。

在完成此书的整个过程中，我得到了导师沈新林先生的悉心指导。在此书内容的结构安排和开掘深度上，导师的意见给予我莫大的启示；在稿件的修改、审阅过程中，导师一丝不苟的治学态度更使我获益良多。

本书得到了各所学校、各位校长、家长、教师、学生的关心和支持。在写作过程中，我参阅了大量的历史和现实资料，以及一些作者的图书作品，选编了一些当代作家的有关连云港的名作，在此我一并表示衷心的感谢。

由于学术训练和知识积累的不足，在此书的编写过程中，我明显感觉到自己学术视野的狭窄和局限，因此本书的内容一定存在不少疏漏和不足之处，敬请大家指教。

马晓燕

2014年3月28日